ADIESTRAMIENTO CANINO EN POSITIVO

MANUAL PARA ENTRENAR Y EDUCAR A TU PERRO DESDE CERO

JOHN SALLOW

Axel Cruz Copyright 2022   Todos los derechos reservados©
El contenido de este libro no se puede reproducir, duplicar ni transmitir sin el permiso directo por escrito del autor. En ninguna circunstancia, se imputará al editor ninguna responsabilidad legal o culpa por cualquier reparación, daño o pérdida monetaria debido a la información contenida en este documento, ya sea directa o indirectamente.

Aviso Legal:
No se puede enmendar, distribuir, vender, usar, citar o parafrasear ninguna parte del contenido de este libro sin el consentimiento del autor.

Aviso de exención de responsabilidad:
La información contenida en este documento es sólo para fines educativos y de entretenimiento. No hay garantías de ningún tipo expresas ni implícitas. Los lectores reconocen que el autor no participa en la prestación de asesoramiento legal, financiero, médico o profesional.

ÍNDICE

CAPÍTULO 1 Entrenamiento canino: Concepto general — 9

CAPÍTULO 2 ¿Qué significa entrenar con o sin refuerzo positivo? Los premios y la importancia — 15

CAPÍTULO 3 Juego, paseo y entrenamiento. — 23

CAPÍTULO 4 Seis aprendizajes sencillos de entrenamiento con refuerzo positivo — 29

CAPÍTULO 5 Cuáles acciones sirven y cuáles no — 37

CAPÍTULO 6 Qué hacer cuando el perro no obedece — 45

CAPÍTULO 7 Tiempo de adiestramiento y refuerzo positivo — 53

CAPÍTULO 8 A qué edad comienzan los entrenamientos — 59

CAPÍTULO 9 Ventajas y desventajas del refuerzo positivo — 67

CAPÍTULO 10 Otros tipos de adiestramiento — 75

CAPÍTULO 11 Razas o tipos de perros más fáciles de adiestrar — 83

Conclusión — 91

Gracias por elegir mi libro para aprender a educar a tu compañero de vida.

¡Espero, de corazón, que aprendas y disfrutes de este viaje!

Si te gusta lo que lees, me encantaría contar con tu opinión y valoración positiva en la página donde lo compraste, porque así me ayudas a llegar a más personas y a tener un impacto positivo en sus vidas.

¡Nos vemos en el siguiente libro!

Un abrazo,
John Swallow.

ENTRENAMIENTO CANINO:

CONCEPTO GENERAL

Habitualmente, las personas se preguntan: ¿en qué consiste el entrenamiento canino?, ¿sirve para que el perro no rompa cosas en casa?, ¿se le puede enseñar que haga sus necesidades en un mismo lugar?, ¿se le puede enseñar a que no ladre durante la noche?, etc.

Es normal pensar que el entrenamiento sirve para que el perro sea una defensa contra ladrones, pero el concepto es mucho más amplio e incluye varios aspectos diferentes que tienen que ver con el hecho de mirar al perro como un ser integral. Por eso el entrenamiento se puede definir de diferentes maneras:

- El entrenamiento canino es el proceso por el cual se logra que el perro aprenda e incorpore a sus hábitos, destrezas en diferentes actividades.
- El entrenamiento canino es la modificación de la conducta del perro a partir de un aprendizaje guiado y una relación de entendimiento con su dueño o entrenador.

Estas definiciones implican que exista una persona que planifique el aprendizaje, lo aplique y logre con el perro una relación de entendimiento profundo basado en la confianza mutua. Por ello, estas conductas aprendidas y transformadas en hábitos deberán repetirse a lo largo de toda la vida del perro, para que las mantenga frescas y disponibles siempre que se necesiten.

Es importante tener presente que, si se espera lograr una relación de confianza entre persona y perro, no se admiten las prácticas violentas o de castigo, porque éstas generan el efecto contrario al buscado a lo largo del tiempo.

Así mismo, hay que considerar que el entrenamiento logra que el perro realice lo que se le pide en el momento en el que se le está solicitando. El entrenamiento logra lo que se conoce como obediencia básica. Esta obediencia puede salvarle la vida al perro en circunstancias como, por ejemplo, si se le ocurre cruzar una calle corriendo y al solo llamado del dueño, el perro se detiene y no cruza, evitando que lo pise un auto. También esta obediencia mejora la relación con el dueño y ayuda al perro a entender que el dueño es el que da las directivas de lo que se puede hacer o no.

Existen dos criterios para abordar el tema del entrenamiento canino:

- Criterio basado en la etología canina.
- Criterio basado en las teorías del aprendizaje.

Criterio basado en la etología canina: este criterio se basa en las conductas que son naturales en el animal, priorizando el hecho de establecer jerarquías dominantes. El dueño será ubicado en un estatus superior al perro, considerado como el alfa o líder de la relación. Algunos entrenadores toman este tipo de adiestramiento como accesorio al que se basa en las teorías del aprendizaje.

Criterio basado en las teorías del aprendizaje: este criterio se enfoca en modificar la conducta a través de los aprendizajes que el perro puede realizar. Como forma complementaria se toman las conductas naturales del animal. Este criterio se apoya en refuerzos, en general, positivos ya que los negativos logran el efecto contrario al buscado. Los refuerzos negativos dañan también la psicología del animal, volviéndolo muy desconfiado.

Otros tipos de aprendizajes para lograr el entrenamiento buscado son:

- **Entrenamiento tradicional**: que se originó pensando en los perros que se entrenaron para la guerra. En ellos se utilizan los refuerzos negativos como los collares de ahogo, de púas o los collares eléctricos. Son prácticas violentas y muy dañinas para el animal tanto a nivel físico como a nivel emocional. El perro terminará siendo muy desconfiado y agresivo. Su primer instinto será el de atacar.

- **Entrenamiento positivo**: en este caso, las técnicas utilizadas recurren a los premios cuando el perro repite la conducta que se le solicitó. El refuerzo positivo consiste en caricias, una golosina, juegos, etc. Este tipo de entrenamiento tiene grandes ventajas porque los resultados que se obtienen son duraderos y confiables. Por ejemplo: el perro debe sentarse al darle la orden. Para mantenerlo sentado se le dan trocitos de comida, aumentando la cantidad de tiempo en esta posición en forma gradual. El criterio más utilizado se llama clicker.

- **Entrenamiento clicker**: es el método utilizado por Karen Pryor para entrenar animales como delfines o ballenas. Se utiliza desde principios de 1940 y da grandes resultados en perros sordos o minusválidos. Es un estímulo sonoro que hace click tanto para realizar la conducta como para dejar de hacerla.

- **Entrenamiento con técnicas mixtas**: este tipo de adiestramiento es intermedio entre el tradicional y el de refuerzo positivo. Es ideal para entrenar perros que compiten en deportes de contacto canino, alternando los collares de ahogo con las recompensas.

El entrenamiento también tiene que adaptarse a la psicología canina. La psicología canina se encarga de estudiar el comportamiento del perro para establecer, a partir de allí, una buena comunicación entre el perro y la persona que lo entrena. La psicología canina entiende que el mal comportamiento de un perro se debe a que existen malos entendidos entre dueño y perro.

El perro intenta comunicarse con las personas de la misma manera que se comunica con otros perros. Esta comunicación que intenta el canino no siempre es bien interpretada por el dueño. Por eso, si quieres entrenar a tu perro, conviene que conozcas los 5 principios en los que se basa la psicología canina:

- El perro obedece siempre que esté asociado a una acción positiva.
- Las reglas tienen que ser sencillas y claras. No deben dar opción a un doble mensaje que resulte confuso para el perro.

- La violencia desencadena desconfianza, miedo y genera odio en lugar de despertar amor por su dueño.
- Las experiencias positivas, los elogios, los juegos estimulan el buen comportamiento buscado.
- La paciencia y la persistencia son los mejores aliados para una buena psicología canina y el logro del entrenamiento buscado.

El dueño de un perro tiene que tener en cuenta lo que sucede en el aspecto emocional del animal. Los perros suelen tener sueños cuando duermen y, al igual que el ser humano, estos sueños muestran sus miedos, sus emociones, sus situaciones no resueltas, lo vivido durante el día, etc. Pueden interpretarse según los movimientos que el animal realice.

Por otra parte, los perros son seres muy inteligentes y capaces de aprender todo lo que quieras enseñarle, siempre y cuando encuentres el método apropiado para tu perro. Los que han estudiado la inteligencia animal, dicen que los perros pueden tener una inteligencia parecida a la de un niño de 2 años y pueden entender y responder a más de 150 palabras dichas por su dueño.

Recuerda también que los perros captan la emoción del dueño a partir de su tono de voz. También entienden cuando su dueño los llama por su nombre y qué es lo que le pasa a su ser humano en lo emocional cuando dice su nombre en diferentes tonos de voz. El perro sabe cuándo su dueño se enoja por algo que él hizo y espera, al igual que todos los seres humanos, ser perdonado.

Si quieres que tu perro sea feliz dentro de tu hogar, es necesario que le brindes el espacio que merece y tengas presente que, al llegar a una nueva casa, fue separado de su vida anterior para vivir una nueva vida. De a poco, el perro entenderá que tiene una nueva manada y va a tratar de relacionarse con ella. El perro es un ser sociable, por lo que no tratará de aislarse, sino que tratará de lograr una comunicación con su manada nueva, así como la tenía con su manada anterior. Él necesita encontrar el entorno de afecto que lo ayude a crecer fuerte y seguro, sano y feliz.

Entrenar al perro del hogar, no es algo que deba ser tomado a la ligera. De este entrenamiento se logrará un perro sociable, cariñoso, confiable, que podrá compartir con toda la familia e incluso con las personas que vengan de visita, sin olvidar las interacciones que pueda realizar al salir de paseo. Si se cometen errores en estas acciones de entrenamiento, es posible que el perro se vuelva problemático en el futuro.

Cuida mucho tus interacciones para que tu perro tenga una vida plena. En este libro, encontrarás los conceptos que necesitas para que el entrenamiento de tu canino sea placentero y a la vez efectivo.

¿QUÉ SIGNIFICA ENTRENAR CON O SIN REFUERZO POSITIVO?

LOS PREMIOS Y LA IMPORTANCIA DE SU IMPLEMENTACIÓN

El entrenamiento con refuerzo positivo significa que el perro recibe un premio cada vez que realiza una acción que se le solicitó. Cuando estos premios no se utilizan, se habla de entrenamiento o adiestramiento sin refuerzo.

Al utilizar el refuerzo el perro entiende que hizo algo bien y hay muchas posibilidades que lo repita para conseguir ese premio. Se puede probar con distintas recompensas hasta dar con la que más le gusta al perro que se está entrenando.

El premio más frecuente y efectivo que suele utilizarse es la comida o las golosinas que se fabrican para perros. Es de aplicación rápida, de fácil acceso y el perro estará siempre dispuesto a recibir este tipo de refuerzo ya que les encanta comer. La comida puede complementarse con el clicker. De esta manera se entrenan los perros para búsqueda de personas.

Este tipo de recompensa no conviene utilizarse cuando el perro a entrenar sufre de sobrepeso o está a dieta. En estos casos, se recurre a otros tipos de premios.

El refuerzo que le sigue en importancia es el juego que pueda realizar con su dueño. Con este premio se afianza la relación entre ambos y el perro entiende también que ha realizado alguna acción que puso de buen humor a su dueño. Una manera de implementarlo es mientras se está jugando se le incorpora la nueva conducta en forma gradual y positiva.

Los juegos más frecuentes que se realizan son los que llevan a tirar un objeto para que el perro corra a buscarlo. Luego se le puede dar la orden de que se siente hasta volver a tirarle el objeto. También se incorpora la orden de frenar. De este modo, a través del juego aprende 3 acciones y las incorpora naturalmente. De la misma forma en que le apasiona la comida, también les encanta jugar, por eso el momento del juego también es un buen momento para entrenarlo. Esta forma de entrenamiento se les suele dar a los perros que detectan explosivos.

En tercer lugar, se encuentran los paseos. Los perros disfrutan mucho pasear con su dueño, por lo que también es un buen momento para entrenarlo. En los paseos diarios, los perros pueden disfrutar de olores diferentes a los que siente dentro del hogar, además, tienen la posibilidad de explorar y estas acciones que tanto le gustan pueden ser un buen refuerzo positivo para el aprendizaje. Una de las enseñanzas que suelen hacerse en estos momentos, es en qué lugar realizar sus deposiciones. Esto evita que haga sus necesidades dentro del hogar.

Por ejemplo: sacas a tu perro a pasear con la correa y luego se la quitas al llegar al lugar donde puede hacer sus necesidades. Si esto lo repites todos los días, el perro entenderá que ese es su momento para hacerlas. Será muy raro que, si aplicas esta modalidad, el perro haga sus necesidades dentro del hogar.

De este modo, el perro entenderá que el paseo incluye el lugar correcto para hacer sus necesidades. Es una sucesión de situaciones agradables para el perro, por eso se vuelve sencillo aprenderlas e incorporarlas.

Otra forma de entrenar al perro es aprovechar la atención que le gusta tener de su dueño en cuanto a caricias y palabras cariñosas. Ambas pueden ser utilizadas como refuerzo positivo. Es decir, se le da una orden y cuando la cumple se les compensa con palabras de felicitaciones y muchas caricias.

Por ejemplo: cuando el perro se acerque pidiendo caricias puedes pedirle que se siente o que se acueste y luego de realizado lo acaricias y le hablas.

Por otro lado, también se puede aprovechar la necesidad de socializar con otros perros como refuerzo positivo. Por ejemplo: antes de entrar en el parque le pides que se siente y se quede quieto hasta nuevo aviso. Si no lo hace se queda sin parque por un rato. Dejas pasar unos minutos y lo intentas nuevamente. Si tienes éxito le permites al perro disfrutar de la compañía de los otros perros con los que se encuentra habitualmente cuando lo llevas al parque.

Como puedes ver el entrenamiento puede realizarse en diferentes momentos del día. Lo importante es saber aprovechar el mejor momento. No es necesario establecer un horario para el adiestramiento ya que éste se puede realizar por pequeños momentos en diferentes horas del día.

Hay expertos en adiestramiento que consideran que este tipo de entrenamiento tiene sus inconvenientes por considerarlo incompleto. Es decir, en determinados momentos y bajo ciertas circunstancias puede ser necesario un refuerzo negativo del tipo leve. Por ejemplo: si el perro en su intento de jugar muerde con fuerza y lastima, es necesario un pequeño refuerzo negativo para que interprete que debe ser más suave al momento de jugar. Esta incorporación de un refuerzo negativo lleva a que comience a existir un equilibrio en el trato con el animal.

Mientras no se recurra al miedo para que el perro obedezca, un refuerzo negativo de vez en cuando no viene mal. Por supuesto que éste tiene que ser dentro de determinados límites y no puede ser exagerado.

A veces se cometen errores en este tipo de entrenamientos. El mencionado anteriormente es uno, es decir, suponer que el refuerzo positivo es solamente premiar todo el tiempo la conducta, sin marcarle los errores. En algunos casos, la persona defiende el refuerzo positivo, pero luego tironea de la correa del perro si su comportamiento no es el esperado. Estos tirones pueden resultar dañinos para la tráquea del animal.

Si el objetivo es lograr un perro que tenga capacidad de gestión en lo que refiere a sus emociones, llegando a ser un adulto equilibrado, necesita tanto del refuerzo positivo como del negativo. De este modo, el perro tendrá un referente para su conducta, además de desarrollar la confianza necesaria para establecer un modo de resolución de problemas por haber podido establecer pautas.

No es posible tener un perro que nunca se enfrente a situaciones estresantes y negativas. Es por eso, que es necesario enseñarle durante el entrenamiento para que se acostumbre a gestionarlas correctamente.

Actualmente, entre los expertos, se encuentra en debate este tema ya que les resulta controvertido considerar que es posible incluir refuerzos del tipo negativo. Es fundamental tener presente que, cuando se habla de refuerzos negativos, se hace referencia a castigos leves que no dañen la integridad del animal. De la misma manera que, cuando se habla de refuerzos positivos, en lo que refiere a comida tiene que ser aquella que el perro digiera sin problemas. Es decir, por mucho que le puedan gustar el chocolate o los dulces que comemos los seres humanos, se sabe que éstos son perjudiciales para la salud del animal. Por tanto, no se deben utilizar como refuerzo positivo. Tampoco debe dárseles como comida habitual y, como decimos siempre, ante cualquier duda conviene realizar una consulta con el veterinario. Éste sabrá darle los mejores consejos sobre la salud de tu perro.

No hay que olvidar que, en toda relación sana, es necesario que ambas partes tengan la libertad de enfadarse con la otra. Siempre van a existir situaciones en las que no se esté totalmente de acuerdo y esto produce enfados, necesarios y saludables, a partir de los cuales se puede tener una conversación muy constructiva en caso de dos personas y una buena conciliación cuando se trate de personas y perros.

Cuando un perro gruñe a su dueño, está indicando que hay algo que no le gusta. Este gruñido no implica que se está transformando en un animal peligroso. Cuando se logra este entendimiento, la relación se vuelve más sólida y beneficiosa. Lo mismo sucede cuando el dueño se enoja con el perro, le está indicando que lo que está haciendo no es lo que se espera. Es fundamental entender que estos enojos deben estar dentro de ciertos límites razonables que no perjudiquen la salud ni el bienestar tanto del animal como de la persona.

Una forma de alivianar estos procesos es establecer límites desde un comienzo. Dejar pasar momentos de aprendizaje que pueden servir para establecer estos límites, es un error porque el perro entenderá que eso que hizo estuvo bien. Por tanto, si en un futuro el perro vuelve a repetir la conducta y se lo reta, el animal se sentirá confundido porque su accionar desencadenó dos reacciones muy diferentes. El perro espera que su dueño siempre reaccione de la misma manera, por lo que, si se reacciona de forma distinta, no será posible desarrollar un entendimiento.

Recuerda que el aversivo que utilices tiene que ser de baja intensidad. Esto es muy importante que se tenga presente porque los aversivos que son intensos dejan en el perro una huella imborrable y generan un gran miedo. Luego de una experiencia de esta envergadura, costará mucho trabajo lograr que el perro vuelva a confiar en su dueño. La confianza es fundamental si se quiere lograr una relación saludable y equilibrada. Los aversivos de baja intensidad ayudan a construir la capacidad para afrontar los problemas y el estrés que éstos le generen.

En algunas razas de perros es necesario establecer de entrada quién es el alfa de la manada con un aversivo que tenga una intensidad un poco más elevada. Una vez establecido este punto, el perro responderá sin problemas porque su psicología le indica que debe respetar las jerarquías. Esto a veces puede ser necesario en caso de recuperar un perro que fue muy maltratado y es altamente agresivo. Establecer quién manda es el primer paso para poder llegar a lograr una relación basada en la confianza que el animal perdió por el mal trato recibido.

JUEGO, PASEO Y ENTRENAMIENTO

Hay muchas técnicas de enseñanza para entrenar cachorros y perros adultos. La experiencia demuestra que las más beneficiosas y seguras en cuanto a cuidado del animal y los resultados obtenidos, son las que incluyen refuerzos positivos.

Recordemos que el refuerzo positivo no es simplemente un premio cuando el animal hace algo bien, sino que es un conjunto de prácticas tendientes a lograr el mejor resultado en el entrenamiento. El refuerzo positivo profundiza la relación entre la persona y el perro, también mejora el entendimiento entre ambos. Es importante saber cómo y cuándo premiar al perro, no es solamente dar el premio.

Los perros disfrutan muchísimo de la compañía de su dueño por lo que es muy importante que la persona disponga de un tiempo todos los días para jugar y pasear con su perro. Si estos momentos se aprovechan bien se obtendrán resultados excelentes.

Cuando el perro no obedece o se muestra rebelde, no hay que asustarlo o pegarle, tampoco menospreciarlo. En estos casos, simplemente se les dice "No" y se lo ignora, al menos por unos minutos. El perro tratará por todos los medios de llamar la atención del dueño, quien deberá persistir en esta actitud durante unos instantes y luego retomar el juego que estaban realizando.

Por ejemplo: si el perro hace pis en lugares no permitidos, no se le debe regañar, ni pegarle, solamente se lo ignora y se analiza por qué lo hace. Tal vez no puede aguantarse, por lo que conviene que se lo saque más seguido o está celoso por algo y lo hace para llamar la atención. En este último caso, es necesario demostrarle que es importante dentro de la familia y que lo quieren. De este modo, superará su drama emocional.

Otro ejemplo: si el perro muerde tanto durante los juegos como en otros momentos. En estos casos, también se le dice que "No" (puede agregarse el nombre del perro), de modo que entienda que lo que está haciendo es incorrecto.

Un ejemplo más: cuando el perro no obedece. En este caso, verificar si la orden que se le está dando, esté dentro de las posibilidades de entendimiento del perro o bien, evaluar si la orden es clara o confusa. A veces, damos órdenes pensando que el perro la va a entender y suceden estas cosas: o bien es muy compleja para que la entienda o bien es confusa y el perro no la capta.

Con estas modalidades de aprendizaje, probablemente el perro muestre señales de que está comenzando a entender al poco tiempo de iniciar con estas prácticas. Sobre todo, si el entrenamiento se realizó durante los momentos de juego o de paseo y principalmente con los aprendizajes más simples. Si se espera que el perro aprenda trucos más elaborados, por supuesto que se tardarán varias semanas en notar los resultados. Como ya dijimos, el mejor refuerzo positivo es la comida, por tanto, si es el refuerzo principal que vas a utilizar, notarás que su aprendizaje va rápido.

Cuando se le crea el hábito de recibir recompensas, el perro las esperará siempre. Por eso, durante toda su vida se tendrán que usar si el adiestramiento que se hizo con él las incluyó. Es frecuente cometer el error de dejar de lado el refuerzo positivo cuando el perro ya aprendió lo que se le enseñaba. Es casi seguro que el perro dejará de hacerlo si el refuerzo no está porque interpretará que al dueño ya no le interesa que lo haga.

Si se espera que el perro aprenda durante los juegos y paseos, uno de los primeros aprendizajes que deberá realizar, es pasear junto a su dueño. Suele verse por la calle muchos dueños paseando sus perros a los tirones, corridas, tensión en las correas, dispersiones, etc. Todo este tipo de comportamientos lleva a que el paseo, que debería ser un momento grato, se transforme en una odisea y, por tanto, en una mala experiencia para la persona y para el perro.

Los perros no saben que tienen que caminar junto a su dueño y eso es lo que se le debe enseñar. Ellos solamente caminan y si se adelantan o se atrasan, puede ser una mala comunicación con su dueño. En primer lugar, es importante saber que se debe llevar un collar y una correa. Por tanto, esto es lo primero que tiene que aprender: la colocación del collar, que se puede hacer en casa y ver qué reacción se observa en el perro. Luego deberá acostumbrarse a la correa. También es un proceso que se puede hacer en casa.

Una vez que haya entendido esto, se puede jugar a caminar juntos y frenar. Si el perro trata de adelantarse o ir más rápido, le decimos "No", tal como lo hemos hecho las veces anteriores. Ese "No" tiene que ser la orden de que no está haciendo las cosas bien. Hay que evitar por todos los medios, que se originen tirones porque no benefician en nada el trato con el perro.

Al salir a la calle, el canino ya está acostumbrado al collar y a la correa entonces no tratará de escaparse de estos accesorios porque ya los aceptó. Durante la caminata es importante ir diciéndole si está haciendo las cosas bien, refuerzo positivo, o si está haciendo las cosas mal, decirle "No", este "No" cumple la función de refuerzo negativo.

Siempre es recomendable que paseen con el collar y la correa puesto. Solamente hay pocas excepciones a esta regla, es decir, que se le puede quitar con toda confianza el collar y la correa para que camine al lado del dueño sin ningún accesorio.

Un detalle a tener en cuenta es que si el collar se le colocó desde cachorro, es necesario acomodarlo según el perro crece para evitar que se sienta incómodo al tener un collar demasiado apretado. Otro detalle a considerar es que la correa tiene que ser corta. No conviene la correa extensible porque no mantiene al perro cerca del dueño. Una vez que el perro aprenda, tal vez se pueda colocar una correa extensible, pero no es aconsejable mientras está aprendiendo a caminar al lado del dueño.

Mientras se está caminando, el perro puede aprender a detenerse cuando se detiene el dueño. Se pueden incorporar palabras para que actúen como clicker, como por ejemplo: "stop", que es muy cómoda de usar por tener una sola sílaba al igual que la orden "No". Este aprendizaje de caminar y detenerse es fundamental para caminar por la ciudad, porque antes de cruzar una calle conviene detenerse. Es una regla de seguridad para el perro en caso de que la correa se corte y el perro salga corriendo. Si adquirió el hábito de parar en las esquinas, hay muchas posibilidades que lo haga estando suelto.

La tendencia natural del perro al salir de la casa, es la de correr, hacer sus necesidades, saludar a otros perros, olfatear y explorar, etc. Por eso es importante acostumbrarlo a que camine hasta el parque donde sí va a poder hacer todo lo que le sale naturalmente. Es importante al llegar al parque dejarlo retozar unos minutos, antes de iniciar con los aprendizajes que se le van a enseñar. De este modo, habrá liberado su energía y estará más dispuesto a aprender.

Esta liberación de energía puede llevarse a cabo dejándolo correr libremente o tirándole una pelota para que la busque. También puede alternarse, es decir, un día se realiza una actividad y otro día este momento es libre.

El lugar que se elija para llevar al perro a hacer esta liberación de energía y los aprendizajes que vengan después, debe ser un sitio que no presente peligros como la circulación de vehículos y el perro pueda sentirse libre. Por ejemplo: un sector del parque poco transitado, un camino rural, etc. Si el lugar es muy concurrido, con niños jugando y otros perros, resultará difícil lograr la atención de nuestro perro para poder entrenarlo.

Los perros son muy sensibles a los sentimientos humanos, por tanto, si vas a enseñarle algún truco, es indispensable que estés relajado, contento y con entusiasmo. De este modo, el perro captará y asociará que lo que le estás enseñando, es algo agradable y placentero. No se logran los mismos resultados si el dueño está de mal humor o deprimido. Si este es el caso, solamente pasea con el perro hasta que logres cambiar tus emociones. La caminata suele tener este tipo de efecto ya que libera endorfinas y éstas hacen sentir bienestar.

Un truco para que el perro se acostumbre a caminar al lado del dueño, es realizar lo siguiente: cada vez que el perro se adelanta, el dueño gira 180º y camina en sentido contrario. Esto se puede realizar todas las veces que se necesite hasta lograr que el perro entienda que tiene que caminar al lado de su dueño. Una vez que lo logra, se lo premia con comida o el refuerzo positivo que el dueño elija.

Si el perro se atrasa, lo que conviene hacer es caminar un poco más lento. No olvides premiarlo cada vez que logre lo que estás buscando.

Recuerda que los aprendizajes llevan tiempo y que la paciencia y la perseverancia serán tus mejores aliadas para lograr tus objetivos con tu perro. Dependiendo del tipo de cachorro el tiempo de aprendizaje va a variar. Algunos aprenden verdaderamente rápido y a otros les toma varias semanas. El dueño tendrá que adaptarse a las posibilidades de aprendizaje de su perro.

Si ves que el perro está demasiado alterado, relájalo haciéndole caricias o juegos sencillos hasta que esté de humor para realizar los aprendizajes.

APRENDIZAJES SENCILLOS

DE ENTRENAMIENTO

CON REFUERZO POSITIVO

Contar con un perro educado con modales básicos cuando se está en la vía pública o cuando hay invitados en casa, es sumamente importante. Hay algunos aprendizajes sencillos que permiten estos modales. A partir de ellos verás que se pueden construir muchos otros aprendizajes más complejos.

Para facilitar las habilidades que se van a explicar, necesitarás los siguientes accesorios:

- Un collar ancho y suave, puede ser de género o de cuero.
- Un arnés ajustable con la posibilidad de ajustar la correa tanto en la espalda como en el pecho.
- Una correa de 2 metros y otra de 5 metros para que el perro pueda explorar.
- Un bozal tipo canasto que le permita respirar y tomar agua. No compres un bozal que le cierre totalmente la boca al perro, porque no podrá respirar libremente.
- Reforzadores positivos o premios: comida, golosinas para perros, juegos con pelotas, frisbee, juegos con el dueño, caricias y palabras de aliento.
- Un clicker o marcador que indique que está haciendo lo solicitado.

Recuerda que las prácticas se deben realizar todos los días en sesiones cortas de 3 a 10 minutos. Si al principio no obtienes resultados, continúa insistiendo porque a veces requiere tiempo. Es importante encontrar un lugar en el que no haya distracciones y el perro pueda concentrarse solamente en ti.

Juego 1: del nombre o prestar atención: con esta actividad el perro aprenderá a enfocarse y prestar atención cuando dicen su nombre. Solamente tienes que decir su nombre y cuando se dé vuelta le das como recompensa palabras de afecto y caricias. En este caso, no conviene darle comida porque el perro se acostumbrará a esto y no podrás llamarlo si no tienes comida en la mano. Este juego lo puedes hacer varias veces al día y en diferentes ambientes, hasta que se acostumbre y cuando eso pase, llama siempre al perro por su nombre acompañado de palabras de cariño.

Juego 2: de llamado o "tómalo": con este juego el perro aprenderá a tomar lo que se le pide. La forma de enseñarle es tirando comida, que el perro vea donde cayó y darle la orden "tómalo" acompañado con el clicker. Al lograr esta orden se le pide que venga hacia nosotros diciendo el nombre del perro y la palabra "ven". Por ejemplo: si se llama Ramón, se le dice "Ramón, ven". Al realizar esta segunda orden se le dicen palabras de cariño y se le da un premio.

Juego 3: sentado o sit: este aprendizaje es sencillo de realizar y tiene una gran ventaja. Mientras el perro permanece sentado, no hay peligro de que tenga comportamientos no deseados. Se lo enseña de la siguiente manera:

- Coloca un premio en la punta de la nariz del perro y muévelo en dirección a sus ojos. Instintivamente el perro bajará su cola, es en ese momento, cuando el perro apoye su cola en el piso, se le brindará el premio.

Además, palabras de cariño por el trabajo bien realizado. En ese momento se agrega la palabra "sentado" o "sit" acompañado del clicker.
- Una vez que se realizó el punto anterior, se le da la orden de pararse con la palabra "arriba". Si quieres puedes utilizar otra palabra en su reemplazo. Lo importante es que, una vez elegida la palabra, la continúes utilizando y no la varíes.

Si durante este trabajo, en lugar de sentarse el perro camina para atrás, vuelve a colocar el premio en su nariz y comienza todo de nuevo. Como imaginarás, en los diferentes aprendizajes se necesita una gran cuota de paciencia. Una vez que haya aprendido, comienza a quitar el premio y solamente decir "sentado" o "sit". Al realizar la acción, podrás darle el premio. El clicker también lo puedes ir quitando.

En prácticas posteriores le das la orden solamente verbal y al realizar la acción lo premias con palabras de cariño y felicitaciones. También conviene repetirlo varias veces al día. Una buena práctica es darle la orden de "sentado" antes de realizar actividades placenteras como pasear o salir a jugar. De este modo, relacionará la orden a situaciones placenteras posteriores.

Juego 4: echado: lograr que el perro se eche y se quede en esa posición el tiempo que necesites, puede ser muy útil cuando quieras que se tranquilice después de haber jugado o sea un animal naturalmente inquieto. Puedes enseñarle de la siguiente manera:
- Cuando el perro esté sentado, logra su atención con un premio en la mano y tocándole la nariz. El perro seguirá el premio y si lo vas bajando, terminará echado.

- Llévalo al piso cerca de su pecho y entre sus patas. Al finalizar el recorrido, el perro estará echado. Si no lo hace, repite la operación con un premio más atractivo.
- Si está sentado y mueve su cabeza hacia abajo, pronto tendrá los codos apoyados también y allí lo premias y lo felicitas. Si su cola quedó arriba ya sea porque la levantó o porque se paró antes de realizar la maniobra anterior, comienza de nuevo todos los pasos.
- El premio y las felicitaciones tienen que ser abundantes para que el perro entienda que realizó una acción importante. Recuerda repetirle en el proceso la palabra "echado" o "down", para que se vaya acostumbrando y la vaya relacionando con esta nueva acción. Usa el clicker si ves que es necesario.

Si en lugar de echarse, el perro camina, tienes que acercar mucho más el premio a su nariz y luego a su pecho o trata de guiarlo por debajo de un banco o banqueta. También puede ser guiado por debajo de tus piernas un poco flexionadas. En caso de que se distraiga, le acercas el premio para que le dé una lamida y vuelva a tener interés.

Cuando haya aprendido esta nueva acción, lo guiarás para que se eche sin necesidad de premio. Una vez que logre la posición le brindas un premio y, como decimos siempre, palabras de cariño y felicitación. El perro adora que el dueño le hable con entusiasmo y alegría, aun cuando no entienda lo que se le dice.

Por eso, el comando verbal debe estar presente durante todo el aprendizaje, ya que va relacionando esa palabra a lo que tiene que hacer. Si se dejan las palabras comando para una etapa posterior, el perro tendrá que realizar dos aprendizajes: el primero sin comando verbal y el segundo con comando verbal. Si la palabra comando se le va repitiendo como algo casual, el perro la relacionará desde el primer momento, aunque en un principio no entienda de qué se trate. Poco a poco lo irá descubriendo.

Una vez aprendido, pídele que se levante y repite la acción. Recuerda hacer este trabajo varias veces al día hasta que el perro lo haya aprendido bien. Cambia los ambientes de trabajo para que se habitúe a los distintos espacios.

Juego 5: tranquilizarse: tranquilizarse es una conducta que es necesaria en diversas situaciones y, sobre todo, en perros que naturalmente son inquietos. Esta ejercitación le permitirá saber al perro qué hacer cuando no tiene ningún comando que seguir. Esta opción es muy útil cuando lo sacas a pasear y te encuentras con alguien, parándote a saludarlo y conversar. O cuando vas a un café que acepta mascotas. Esta conducta puede enseñarse de la siguiente manera:

- Empieza cuando el perro se encuentre sentado o de pie en espera.
- Cuando le des el comando de echarse, lo premias y lo haces permanecer allí por unos minutos. El tiempo irá en aumento en forma gradual. Cada tantos minutos le entregas un premio. No le des motivos para que se levante.
- Cambia de lugar y repite el ejercicio para que lo realice en otro ambiente.

- Los premios deben estar presentes en todo momento, pero no es necesario que cada premio sea importante. Como es un ejercicio que consta de varias partes, los premios tienen que ser pequeños en cada caso.
- Relájate para que el perro también se relaje.

Si no se tranquiliza, puedes pisar la correa sin tensarla. No es aconsejable que el perro sienta presión en su cuello. Si el perro trata de llamar tu atención, solamente tienes que ignorarlo. Al finalizar brindale un premio importante y reconfórtalo con palabras de felicitación y de cariño.

Juego 6: a tu lugar: este comando envía al perro a un lugar seguro. Es necesario que aprenda no solamente llegar a ese lugar seguro sino también permanecer en él hasta que se le indique lo contrario. Hay muchas situaciones en las cuales se le puede pedir que vaya a su lugar: cuando llegan invitados, mientras estás cocinando o comiendo, cuando haya alguna situación de peligro como un incendio, etc.

Esta habilidad puede enseñarse de la siguiente manera:

- Parado frente al perro, con un puñado de pequeños premios, te diriges hacia el lugar al cual utilizarás el comando "a tu lugar".
- Le dices "a tu lugar" y le tiras un premio en ese sitio.
- Cuando lo logra, le dices "estás libre" y le tiras un premio lejos del lugar seguro que marcaste.
- Vuelves a repetir el procedimiento varias veces.
- Cada vez que lo repitas, dejas que pase un poco más de tiempo entre ambas órdenes. De este modo, se acostumbrará a esperar el tiempo que tú necesites.

Esta habilidad la logrará sin equivocaciones luego de varias prácticas. En general, le costará esperar tu orden de "estás libre". Luego de acostumbrarse a ambas órdenes, se le irán retirando los premios y dejando solamente los comandos verbales.

Un aprendizaje más que complemente "a tu lugar" será: una vez que se tuvo éxito lo ideal es que el perro se eche en su lugar seguro. De esta forma, podrá estar más tiempo en su espacio designado.

Con paciencia verás que podrás lograr todos los aprendizajes que te propongas. En la medida en que veas sus avances también entenderás que hay un mayor entendimiento entre ambos.

CUÁLES ACCIONES SIRVEN Y CUÁLES NO

Como ya habrás podido comprobar en los capítulos anteriores, darle entrenamiento a un perro tiene algunos detalles que considerar dentro de un entorno general de paciencia, afecto y confianza. Entrenar a un cachorro como a un perro adulto requiere la misma perseverancia. La diferencia más notoria que se puede encontrar es que el cachorro se mostrará más ansioso por complacer y es probable que se distraiga con mayor facilidad que un perro adulto. El perro adulto, por otra parte, habrá adquirido a lo largo de su vida, algunas costumbres que tal vez haya que erradicar.

Los perros siempre tienen entusiasmo por aprender a lo largo de toda su vida, por lo que es posible entrenar tanto a un perro pequeño como a uno grande. En todos los casos, es importante tener presente los siguientes puntos:

- **Elegir un espacio de adiestramiento que tenga pocas distracciones**: de este modo, el perro prestará toda su atención al dueño. Cuando el perro domine los comandos básicos, es bueno practicarlos en otros ambientes en los que haya distracciones. Así entenderá que debe atender a lo que su dueño le dice sin importar dónde se encuentren.

- **Organizar las sesiones de entrenamiento por espacios breves de tiempo**: esto es así porque la concentración de los perros es limitada. En las primeras sesiones se puede hacer un fraccionamiento de 10 minutos. A medida que se avanza en el entrenamiento, se pueden alargar a 20 o 30 minutos. Algunas razas poseen una mayor capacidad de concentración como los labradores, pastores alemanes y border collies.

- **Elegir un método de aprendizaje que se base en recompensas o refuerzo positivo**: es el mejor tipo de entrenamiento ya que el perro logra desarrollar una gran confianza en sí mismo, además de confiar y comunicarse con su dueño en forma fluida. Si el perro no obedece, ignorarlo o decirle simplemente "no", alcanzará para que el perro entienda que no lo tiene que hacer.

- **Utilizar recompensas que sean de su preferencia**: las recompensas son ideales para que el perro trabaje para conseguirlo. Estas recompensas tienen que ser expresamente aptas para los perros para que su salud no se vea resentida. Es habitual que a los perros les guste el chocolate que comen las personas, pero éste no es apto para la salud del perro, por tanto, no hay que utilizarlo. En caso de tener un perro con sobrepeso o que esté a dieta, hay que cuidar muy bien qué se le va a dar como recompensa.

- **No utilizar gritos ni golpes**: bajo ninguna circunstancia, los gritos y los golpes deben ser utilizados. Causan más daño que el supuesto beneficio que podrían proporcionar. En realidad, lo que se puede llamar beneficio es solamente en apariencias porque el animal obedecerá por miedo y es seguro que desarrollará desconfianza por su dueño.

- **En principio conviene comenzar por los trucos básicos**: estos trucos son quedarse quieto, sentarse, echarse, etc. Es importante enseñarlas de a una y no todas juntas. El trabajo de recompensas tendrá que intensificarse al principio para luego ir quitándolas de forma gradual.

- **Considerar las condiciones de salud del perro**: es fundamental considerar si el perro tiene algún padecimiento previo antes de comenzar el entrenamiento. Estos problemas de salud pueden interferir con la obediencia que demuestre el perro. Por ejemplo: si tiene problemas en la cadera, tal vez no quiera sentarse o caminar.

- **Establecer previamente cuáles son las cosas que lo ponen nervioso**: es importante conocer en profundidad al perro antes de comenzar a entrenarlo. De este modo, se pueden evitar aquellas situaciones que lo ponen nervioso. Esto también fortalece la confianza y la comunicación entre ambos.

- **Susurrar en su oído**: el susurrarle al oído es una práctica que introduce al perro en el adiestramiento de forma cariñosa. El perro lo reconocerá poco a poco como las órdenes predilectas que vienen de su dueño.

- **Practicar la paciencia y la perseverancia**: la paciencia y la perseverancia son fundamentales a la hora de entrenar al perro. No siempre se logran los objetivos propuestos de forma rápida. Recuerda también que sus tiempos de atención son limitados, por lo que ser paciente y tener perseverancia es fundamental.

- **Divertirse mientras se realiza el entrenamiento**: si el dueño se divierte mientras entrena al perro, éste también se divertirá. En cambio, si el dueño se aburre, el perro no demostrará interés en el entrenamiento. Esta diversión generará un vínculo más estrecho entre dueño y perro. Si las prácticas son simples y divertidas tendrán un mayor efecto que si el clima es tenso o con mal humor.

- **Utilizar palabras de aliento, de felicitaciones y de mucho cariño**: estas palabras son fundamentales para estimular la atención del perro y para que entienda lo mucho que lo quieres. También ayudan a desarrollar el entendimiento entre los dos.

- **Buscar la socialización del perro**: para que logre desarrollarse con plenitud, tienes que presentarle a otras personas y mascotas. También tienes que guiarlo para que socialice de forma civilizada y no se peleen.

- **Utilizar comandos verbales sencillos**: las palabras sencillas son las más efectivas para utilizarlas como comandos: "sienta", "ven", "échate", "quieto", "aquí", "fuera", "buen perro", "no", etc. Todos los miembros de la familia tendrán que utilizar la misma terminología para evitar confusiones.

- **Ser metódico y práctico**: es una buena práctica establecer horarios estrictos para el entrenamiento ya que, de esta manera, el perro sabrá qué rutina le toca en todo momento. Esto también colabora con el hecho de incorporar los aprendizajes de forma más rápida.

- **Evitar el enojo y el mal humor**: porque no son prácticas que beneficien los aprendizajes, hay que evitar los enojos y también estar de mal humor mientras se realiza el entrenamiento.

- **Mantener las órdenes y ser coherentes con ellas**: es importante que las órdenes que se le den al perro sean claras y se mantengan en el tiempo. Produce confusión el hecho de estar cambiando o modificando los comandos que se le den. Hay que eliminar todas las que puedan resultar ambiguas o confusas.

- **Entregar los premios o los refuerzos positivos en el momento justo**: esto es fundamental para que el perro asocie sus acciones con el premio. Si éste se retrasa el perro no entenderá por qué se lo está premiando.

- **Dar espacio y tiempo a la socialización**: socializar hace que el perro tenga una mejor relación y no agreda a personas que no conoce o esté todo el tiempo asustado porque ve personas que no están en su círculo habitual.

- **Brindar un entrenamiento continuo y variado**: una vez que el perro haya aprendido lo que se le enseñó, pueden agregarse nuevos aprendizajes ya que disfruta mucho aprender sobre todo si es su dueño el que le enseña.

El entrenamiento los mantiene en forma y comunicado con su dueño. Los aprendizajes van desde los más sencillos a los más complejos y siempre tendrás un perro dispuesto a mejorar y superarse. Tal vez al comienzo parezca complejo entrenarlo, pero a medida en que se van logrando los primeros aprendizajes, más sencillos serán los que vengan después porque ya entenderás cómo funciona la dinámica del entrenamiento.

A veces algunos dueños piensan que sus perros no tienen inteligencia suficiente para aprender. Esto no es así, todos los perros tienen capacidad para el aprendizaje, lo que puede estar sucediendo es que no hay un buen entendimiento entre perro y dueño.

Algunos errores que dificultan los aprendizajes son:

- No utilizar la cantidad de premios suficientes, suprimirlos de golpe, utilizar premios poco atractivos o dar premios sin necesidad. El premio tiene que estar en el momento justo en el tiempo justo y ser lo suficientemente interesante para el perro como para lograr que se motive.
- Trabajar sin correa o quitar la correa con demasiada anticipación sin haber asegurado el aprendizaje. La correa juega un papel importante en el aprendizaje por eso es necesaria. Su uso acota el espacio de trabajo con el perro y le da un referente. Puede quitarse cuando el perro haya incorporado a su comportamiento el aprendizaje.
- Castigar por un hecho que pasó hace un tiempo, es un gran error porque el perro no lo va a entender. Si se lo va a castigar, tiene que ser en el mismo momento en

que hizo la travesura o la conducta que se quiere eliminar.
- Castigar en exceso. Como ya dijimos, el castigo en sí no es bueno ni beneficioso, mucho menos si es excesivo o violento. A la larga se obtendrá un resultado contraproducente.
- Castigar antes de enseñarle. Primero debe estar el aprendizaje antes que el castigo. Tampoco conviene castigarlo porque se equivocó.
- No conviene poner a prueba al perro. Para evaluarlo hay que estar seguro de que el perro aprendió. No favorece en nada ponerlo a prueba si todavía no terminó de aprender lo que se está enseñando.
- No permitir las equivocaciones ni respetar su propio tiempo interno de aprendizaje. No todos aprenden de la misma manera. Algunos logran antes los aprendizajes y tienen pocas equivocaciones y otros, en cambio, tardan más tiempo y suelen equivocarse con frecuencia. Esto no significa que nunca van a aprender.
- No utilizar una orden de liberación. Esta orden lleva a que el perro entienda que su trabajo terminó, por eso es importante.

Muchos problemas de desobediencia se generan por falta de entendimiento y porque la comunicación es deficiente. En lo posible hay que evitar que el perro adquiera malos hábitos porque éstos harán muy lentos sus aprendizajes.

QUÉ HACER CUANDO EL PERRO

NO OBEDECE

Todos los dueños de un perro siempre esperan tener un can obediente y educado. Pero muchas veces el perro hace su voluntad y no presta atención a lo que el dueño le pide. Los dueños de perros desobedientes a menudo se sorprenden de que otras personas hayan logrado un perro que escucha y responde a los pedidos que se le hacen. Lo cierto es que detrás de los buenos comportamientos que pueda tener un perro, hay muchas horas de entrenamiento paciente y mucha dedicación a lograr una buena comunicación, decodificando el sistema comunicativo del perro, tanto verbal como gestual.

Entender lo que el perro quiere decir y que el perro entienda lo que el dueño quiere, es fundamental para que la comunicación sea eficiente y produzca los aprendizajes esperados.

Es por eso que hay algunos principios que se deben tener en cuenta:

- Todos los miembros de la familia tienen que cumplir con las reglas básicas que se establezcan para educar al perro. Si esto no se tiene en cuenta habrá conflicto porque el perro no sabrá cuándo tiene que obedecer y el entrenamiento perderá efectividad. Por ejemplo: si el dueño quiere que el perro no se acerque a la mesa mientras la familia almuerza, ningún miembro lo tendrá que llamar para darle comida por debajo de la mesa.

- Las normas deben ser coherentes y consistentes y tienen que tener la suficiente firmeza para que se cumplan siempre.
- Si esperas que obedezca a su nombre, siempre debes llamarlo por él y no usar silbidos ni palabras que lo reemplacen.
- Utilizar refuerzos positivos que premien las buenas conductas y, por sobre todas las cosas, ten mucha paciencia. Recuerda que las sesiones de entrenamiento tienen que ser por períodos cortos de tiempo.

Si pasado un tiempo no logras cambiar ninguna de sus conductas, conviene consultar a un profesional del adiestramiento para que te asesore y te marque en qué te estás equivocando. Un entrenamiento basado en la empatía y en el conocimiento mutuo, da muy buenos resultados. Por eso, en una primera etapa, el énfasis debe estar puesto en el entendimiento.

Luego se debe planificar un buen programa de entrenamiento y comprar algunos accesorios, tal como explicamos en el capítulo anterior. En el caso de buscar un entrenamiento para defensa, es recomendable hacerlo con la supervisión de un adiestrador profesional.

Cuando a pesar de establecer un entrenamiento y ponerlo en práctica, no se logran resultados y el perro sigue sin obedecer, es posible que tengas que realizar una evaluación para determinar qué errores son los que estás cometiendo.

La primera evaluación: si lograste ser el líder de la manada. Que el perro te reconozca como su líder es un paso muy importante dentro de su educación, además de tener la sensación de pertenecer a una manada. Esta conducta gregaria lo hace sentir seguro ya que en la naturaleza es la manada la que protege a sus miembros y el comportamiento gregario es el que los hace sobrevivir.

Cuando el perro desafía a su dueño significa que no lo reconoce como líder y se colocó él en ese lugar. Si esta es la situación que estás viviendo con tu perro, hay que romper con esta posición y marcarle que el liderazgo es tuyo. Luego, desde esta nueva perspectiva, tendrás que ganar su confianza. Hasta los perros más rebeldes respetan y obedecen el liderazgo.

La segunda evaluación: si las normas son coherentes o son confusas. Además, las normas que se establezcan deberán ser respetadas por el perro siempre que se le requieran. Esto significa que en ningún momento se le permitirá desobedecer. No se logrará el efecto buscado en el entrenamiento, si el perro descubre que en algunas oportunidades se le permite desobedecer.

La tercera evaluación: los comandos seleccionados para el entrenamiento están dentro de las posibilidades del perro que se trata de entrenar. Tienen que ser claros, concisos y utilizados con voz suave pero firme. Los gritos no sirven de nada y mostrarse inseguro o temeroso tampoco. El lenguaje corporal es tan importante como las palabras que se utilicen, por lo que debe ser coherente con las palabras. El perro también percibe el estado de ánimo y si estás de mal humor o desmotivado, el entrenamiento no cumplirá la función que tiene que cumplir. Si el perro percibe tu entusiasmo y tu alegría por sus progresos, será mucho más fácil entrenarlo porque se motivará rápidamente.

La cuarta evaluación: qué tan insistente eres con las órdenes que le das. No es necesario repetir varias veces la misma orden ya que el perro entenderá a la primera. Si tienes la costumbre de repetir, es probable que no respete tu autoridad. El perro entenderá que no necesita obedecer a la primera vez que se le ordena.

La quinta evaluación: si las órdenes se están dando en el momento correcto. Por ejemplo: si llamas al perro cuando está haciendo sus necesidades es lógico que no acudirá. En este caso, deberás esperar a que termine para dar la orden. Del mismo modo, las recompensas tienen que estar en el momento justo, ni antes ni después. Por ejemplo: si el perro ladra y lo acaricias para calmarlo, tal vez entienda que lo estás premiando por sus ladridos. Del mismo modo, si el premio no es inmediatamente después de realizada la acción pedida, el perro no entenderá que ese premio corresponde a tal acción.

La sexta evaluación: si eres o no consecuente con las órdenes. Las conductas que quieras que aprenda las practicarás una y otra vez hasta que las adquiera. Toda la familia debe trabajar en el mismo sentido y con las mismas pautas para que el perro aprenda correctamente. Por ejemplo: si no quieres que se suba a un sofá, esto no debe ser permitido por ningún miembro de la familia. Si esto no se respeta, el perro se subirá siempre que tú no estés. Si todos los miembros llevan a cabo la orden, entonces el perro no subirá nunca.

Por eso, para que logre ser un perro obediente, es aconsejable seguir los siguientes consejos:

- La obediencia tiene que ser parte de la rutina cotidiana y que cada interacción que se realice con el perro sea parte del aprendizaje diario.
- Darle mucho afecto y no regañarlo, esto aumentará la confianza del perro hacia su dueño.
- Si es un perro que tienes desde cachorro, inicia su adiestramiento desde el primer momento, no hay que esperar a que crezca para entrenarlo. Si lo tienes de grande igual lo puede entrenar. Recuerda que a todas las edades el perro admite aprendizajes.
- El primer aprendizaje tiene que ser el nombre y así conviene llamarlo durante toda su vida.
- Los aprendizajes son graduales, el perro siempre está dispuesto a aprender, pero es necesario saber respetar sus tiempos internos para aprender.
- Cuando realice alguna conducta que no quieres como romper un mueble, no le pegues o lo retes, solamente dile "no" o "no se hace" y **muéstrale** que estás decepcionado y triste. El perro tratará de consolarte.

Recuerda que tú siempre serás el que guía su aprendizaje.
- Un aprendizaje fundamental es lograr que el perro entienda que debe obedecerte si espera obtener los premios. Por eso las recompensas estarán presentes siempre al igual que los juegos y el afecto.
- Con los nuevos aprendizajes, al igual que con los viejos, tiene que cumplirlos para merecer el refuerzo positivo. Las prácticas nuevas serán también graduales y ensayadas por períodos cortos de tiempo.
- Al salir de la casa, el perro siempre tiene que salir detrás de ti, a no ser que tú le des permiso para que pase primero.
- Los castigos y los gritos nunca son aconsejables, al igual que los refuerzos negativos. Utilizar el "no" o ignorar las malas conductas, son las armas que conviene utilizar.
- La relación que tengas con el perro debe estar basada en el respeto si esperas que él te respete.

El perro necesita tiempo para aprender lo que se espera de él. Si no eres constante o si eres descuidado o confuso, al perro le resultará difícil aprender aquello que quieres.

Recuerda que los refuerzos positivos deben estar presentes siempre y se quitarán de forma gradual sin desaparecer totalmente. Si quitas los premios el perro no encontrará incentivo para hacerte caso. Del mismo modo que si no practicas sus aprendizajes los terminará olvidando. El éxito depende de la constancia y la dedicación, además de la paciencia, el cariño y la empatía que tengas por el perro.

Resumiendo: un perro que logra ser obediente se manifiesta en su desempeño como seguro, equilibrado y feliz. Toda la familia tiene que ser coherente con el entrenamiento que se le esté brindando, para evitar confusiones y dobles mensajes. Los refuerzos positivos son necesarios y los castigos no se recomiendan. Siempre deberás utilizar comandos simples y claros y el entrenamiento puede extenderse a lo largo de toda la vida ya que el perro siempre está dispuesto a aprender.

TIEMPOS DE ADIESTRAMIENTO Y DE REFUERZO POSITIVO

El entrenamiento prepara al perro para una vida plena y feliz, desarrollando todo su potencial y estableciendo una excelente comunicación con su dueño y con todos los miembros de la familia.

Una sesión de adiestramiento debe ser preparada y tiene que contar con el tiempo suficiente como para aprovecharla al máximo y también disfrutarla. Es por eso, que lo primero es revisar los horarios propios para determinar cuál es el más indicado. En este horario se tendrá que estar libre de compromisos y permitir que la persona se desconecte de la realidad habitual para concentrarse solamente con su perro y el entrenamiento. Un tiempo para relajarse y disfrutar de esta conexión que se logra entre la persona y el perro.

Aunque conviene que la sesión sea de períodos cortos, de todos modos, requiere una preparación. Si no se tienen en cuenta determinadas pautas, tal vez la sesión fracase o no tenga el éxito esperado. Una vez que estableciste cuál es el mejor horario para ti, debes elegir el lugar de entrenamiento, el criterio con el que llevarás a cabo la sesión, qué equipo vas a necesitar, qué palabras y señas serán las que guíen y, por supuesto, qué refuerzos utilizarás. Definir todas estas cuestiones llevan a la planificación de la sesión.

Es necesario diferenciar entre sesión, período de adiestramiento, timing, tasa de reforzamiento y criterios de entrenamiento canino. El período de adiestramiento es el tiempo que durará todo el entrenamiento y está compuesto de varias sesiones, según la planificación que se realice de las mismas. El timing es la sincronización entre la conducta del perro y lo que recibirá por ella. Con esto se le da el tiempo para que el perro entienda lo que está permitido de lo que no lo está.

La tasa de reforzamiento es el grado de refuerzo positivo que se le va a brindar al perro durante las sesiones y el criterio se elige en base a las diferentes técnicas existentes. Una de estas técnicas será la más conveniente para tu perro y para ti.

El lugar de entrenamiento, como ya lo hemos dicho, tiene que ser un espacio con pocas distracciones. Lo que se aprende en el espacio de entrenamiento, luego se prueba en los espacios en los que habitualmente caminas con tu perro. Una vez adquirida la nueva conducta, es necesario que el perro pueda repetirla en los espacios habituales, con las distracciones que puedan tener. Si el entrenamiento es el adecuado, el perro repetirá la conducta sin problemas. Algunos entrenadores prefieren terminar todo el entrenamiento para probarlo en otro escenario. Sin embargo, no es descabellado ir probando cada conducta por separado. Es decir, cada vez que se tenga un aprendizaje realizado, probarlo para afianzarlo en un contexto espacial diferente.

Lo ideal es trabajar todos los días en el entrenamiento para lograr los mejores resultados. Si eso no es posible, conviene darle la mayor regularidad que se pueda. Por ejemplo: 3 o 4 veces por semana. Cada sesión podrá durar entre 5 y 10 minutos por día, pudiéndose alargar a 20 minutos. En la primera parte de la sesión se repasa lo aprendido y en la segunda parte se trabaja sobre nuevos aprendizajes. Realizar las sesiones de forma rutinaria, llevará a que el perro aprenda con más efectividad.

Lograr una buena comunicación también es parte del adiestramiento y cuanto más se practique mejores resultados se obtendrán. Tanto las órdenes como las señales se establecen a priori y se mantienen durante todo el adiestramiento. La primera palabra que tiene que entender es su propio nombre, luego sentarse, esperar, quieto, a tu lugar, etc. También pueden acompañarse con señas físicas que luego se podrán quitar gradualmente, salvo que el perro sufra sordera.

Los aprendizajes se tienen que llevar a cabo de la forma más natural posible. Por eso, no es conveniente buscar procesos complejos o técnicas elaboradas. Todo tiene que desarrollarse con la mayor sencillez posible. Como ya dijimos, no conviene utilizar los castigos o los collares de ahorque o eléctricos porque tienden a desarrollar serios problemas de comportamiento y algunos problemas físicos.

La sesión debe ser lo más equilibrada posible entre exigencia y premios, si esta relación se desequilibra, no se lograrán los resultados esperados: demasiados regaños y exigencias van a cansar al perro, quien seguramente se negará a realizar lo que se le pide. Muchas recompensas pondrán holgazán al perro y tampoco hará lo que se le pide.

Un detalle a tener en cuenta es que tu perro tendrá hacia ti el mismo nivel de atención que tú le demuestres. Si te distraes fácilmente, el perro también lo hará. Si, por el contrario, mantienes un tiempo importante de atención, el perro se acostumbrará a ello y también aprenderá a focalizar su atención durante ese período de atención. A mayor concentración, mayor tiempo de entrenamiento se podrá tener. Como ya dijimos, al comienzo basta con unos 5 minutos, gradualmente se irá aumentando ese tiempo en base a los avances y a la obediencia que demuestre. Una variante es hacer sesiones cortas muy intensas dos veces al día. Esta modalidad es apta para perros muy activos o inquietos.

Es importante equilibrar sesiones con momentos de descanso. Una clase de 20 minutos implica 1 hora de descanso para que se relaje y se distraiga. Luego de esa hora se puede probar con otra sesión de 20 minutos. Una variante es planificar sesiones de diferentes duraciones con descansos que también tengan distintas duraciones. El perro no se podrá acostumbrar a una rutina. Mantener rutinas tiene sus ventajas porque el perro las recuerda y las repite con facilidad. Pero tiene como desventaja que, si quieres intentar algo diferente, el perro no podrá responder con eficiencia porque se desorientará. La ventaja de las sesiones de diferentes duraciones es que no acostumbran al perro a una rutina y entonces puedes probar cosas diferentes sin que el perro se desoriente. Esto es porque no esperará algo que vivió antes, que suele ser lo que ocurre con las sesiones que siempre duran lo mismo. Como puedes ver, todo tiene sus ventajas y sus desventajas, por eso, es importante establecer qué es lo más conveniente para tu perro y también para ti.

Hay algo que puede ser difícil: es el hecho de saber cuál es la duración más conveniente. Si tu perro no está logrando lo que quieres y de pronto en una sesión lo logra a la perfección, tienes que terminar la sesión en ese momento y brindarle el refuerzo positivo con muchas palabras de cariño. Si continúas las sesión, tal vez pierdas lo que lograste en ese momento. Es fundamental que el perro entienda que si te obedece lo premias con generosidad.

En un paseo se pueden realizar varias sesiones muy cortas con períodos de descanso intercalados. Cuando el perro haya avanzado en su entrenamiento, se intentan sesiones más largas.

Posteriormente, podrás llegar a realizar los entrenamientos en cualquier lugar: parque, calle, cancha, etc., cuantas más distracciones haya, más difícil de lograr será las buenas respuestas del perro. Cuando están aprendidas las conductas, el lugar pasará a ser secundario porque el perro sí responderá.

Es fundamental terminar cada sesión con un éxito. Ya sea algo sencillo como algo complejo, se debe terminar felicitándolo y dándole un premio. Esta es una forma de terminar, es decir, elevando la motivación. No importa si la sesión duró 3 minutos o una hora. Lo que importa es la efectividad de los hechos.

En todo caso, si consideras que fue muy pequeña en tiempo, puedes hacer un descanso de 1 hora y reanudar la sesión con alguna otra cosa que quisieras practicar. Pero siempre recuerda que es preferible terminar con una meta lograda, aunque sea pequeña.

Otro detalle a tener presente es que cuanto más exigente sea lo que se espera, menor tiempo de entrenamiento se tendrá que aplicar. Tal como lo decíamos antes, quedaría una sesión corta con una exigencia intensa.

No hay que olvidar que la duración de la sesión también depende de la experiencia de la persona. Para inexpertos, siempre es conveniente que sean de 3, 5 o 7 minutos y no mucho más. Para personas expertas, las duraciones pueden variar mucho más según su grado de experiencia. Esto también lo lleva a tener una buena idea de cuánto tiempo le implicará cada aprendizaje. La experiencia de haber entrenado a muchos perros le lleva a tener una idea precisa de lo que puede lograr en cada animal.

Recuerda que el entrenamiento tiene que ser una buena experiencia para el perro y siempre tiene que quedarse con ganas de seguir entrenando. Nunca lo satures con un exceso de adiestramiento porque el perro se cansará y comenzará a desobedecer. El clima de aprendizaje tiene que ser motivador y con un entorno de cariño. También permite que el perro socialice con otros perros porque esto es fundamental para su desarrollo emocional equilibrado.

Si bien, a medida que el perro avanza, los refuerzos positivos se pueden ir disminuyendo, nunca se eliminan totalmente. No es conveniente suprimirlos ni aún de forma gradual.

A QUÉ EDAD COMIENZA LOS ENTRENAMIENTOS

Desde el momento en que el cachorro recibe sus vacunas, entre las 12 y 16 semanas, está en condiciones de socializar e iniciar su entrenamiento. No es necesario esperar a una edad determinada para comenzar el adiestramiento, ya que éste se acomoda a la edad del perro.

Como ya hemos dicho en capítulos anteriores, el primer aprendizaje debe ser el nombre. Siempre llámalo por su nombre, cuando lo alimentes mientras come, acaricia su cabeza y repite su nombre, repítelo también durante los juegos. De este modo, irá relacionando su nombre a un sentido de pertenencia y este será el punto de partida para la comunicación.

El segundo aprendizaje es acostumbrarlo a utilizar el collar y la correa. Seguramente al principio no le va a gustar, pero con paciencia se verá que el cachorro se acostumbra. El collar tiene que ser liviano y poco apretado, el perro tiene que respirar sin problemas. Luego utiliza la correa y juega con él caminando y corriendo. Si está vacunado puedes hacerlo fuera de casa, si todavía no tiene las vacunas, dentro de la casa va a estar bien. Los primeros intentos puede que no sean los más agradables porque no a todos los perros les gusta tener collar y correa. Pero si se insiste, se acostumbrará y usará tanto el collar como la correa sin problemas.

Así estará listo para su socialización. Busca entornos estimulantes y divertidos para que lo disfrute. Los paseos se volverán cada vez más interesantes y el cachorro los querrá repetir. El desarrollo social es muy importante en los perros porque los vuelve adultos confiables.

En esos encuentros, el cachorro investiga y aprende lo que puede realizar y lo que no, además de entender cómo funciona la comunicación entre perros y, por tanto, también con las personas.

Si eres inexperto en el adiestramiento para cachorros siempre puedes consultar y pedir consejos a personas expertas o poner el entrenamiento del cachorro en manos profesionales. En estas clases aprende tanto el perro como su dueño con técnicas sencillas y muy prácticas, con refuerzos positivos.

Una vez que haya incursionado en la socialización, estará listo para aprender las órdenes básicas como "sentado", "abajo", "quieto", "ven", como así también trucos sencillos como dar la pata, girar, traer lo que se le tira, etc.

Si bien los cachorros están muy dispuestos a jugar, prestando poca atención a lo que el dueño quiere enseñarle, estos juegos pueden usarse como motivación para el aprendizaje. Hay entrenadores que consideran esta predisposición al juego de los cachorros como algo negativo y esperan a que cumplan el año para comenzar a entrenarlos. El problema es que en ese año de espera, el cachorro habrá adquirido hábitos que no todos van a ser buenos. Algunos de estos hábitos los querrán erradicar por ser poco agradables. Entonces, el dueño se encontrará que tiene un doble trabajo: por un lado, entrenarlos en los comportamientos positivos y, por el otro, eliminar los hábitos nocivos.

Recuerda que el perro está en condiciones de aprender a lo largo de toda su vida, tal vez requiera un mayor esfuerzo o no, pero siempre será materia dispuesta para los aprendizajes. Esto es importante saberlo, porque hay profesionales que consideran que no es así, aún cuando ya está demostrado que son capaces de aprender y que su potencial no se conoce en su totalidad.

En los primeros días de vida, el cachorro duerme el 90% del tiempo y el resto de tiempo se lo pasa mamando de la madre. A los 13 o 15 días, comienza a abrir sus ojos, pero sus orejas no se activarán hasta los 20 días, donde se observarán sobresaltos ante los ruidos.

Cuando llegan a las 3 o 4 semanas comienzan las primeras interacciones sociales con sus hermanos de camada, hacen sus primeros juegos y comienza la primera organización de la manada. Recién a las 6 semanas comienzan los primeros ataques entre hermanos empezando a verse quiénes son más dominantes y quiénes son más pacíficos.

La madre los empieza a dejar solos para ir de cacería y así traerles los primeros alimentos sólidos predigeridos, mediante la regurgitación. Desde las 5 semanas son capaces de gruñir e incluso tirar tarascones, lo aprenden de la madre que a estas alturas está tratando de sacarles el amamantamiento. En las siguientes semanas los cachorros serán tan insistentes que por momentos convencerán a la madre para que los deje mamar. A las 7 semanas, la perra tendrá poca leche por lo que los cachorros se destetarán a la fuerza.

Entre la 3º y la 7º semana, se da un proceso que es fundamental en la vida del perro. Se llama imprinting y es el momento de mayor recepción a lo largo de su existencia. Conoce el entorno, no siente miedo salvo que haya sido castigado y se esfuerza por entender todo lo que ve y percibe. Puede aceptar que se le aproximen perros desconocidos y también personas sin mostrar agresividad. Es el tiempo ideal para la socialización. Por eso, también es el momento en que se lo puede separar de la madre y se adapten a un nuevo hogar. En algunas razas hay que esperar hasta las 10 semanas para separarlos de la madre.

Hacia los 3 meses, su socialización será completa si ha interactuado con otros cachorros y otras personas. Si fuese parte de una manada que está en libertad, esta sería la etapa en la que comienza a ser parte de las cacerías. Tiene madurez suficiente para adquirir experiencia en este tema. Los perros que se utilizan en cacería se empiezan a entrenar en este tema a esta edad.

Al llegar a los 6 meses, los machos comienzan a levantar la pata para orinar y alcanzan su madurez sexual. Entre los 6 y los 9 meses, se completa la madurez sexual dependiendo de las razas. Pueden comenzar a procrear, salvo en ciertas razas que son tardías y no llegan a este punto sino hasta los 10 o 12 meses.

Suele considerarse la edad ideal para adoptar a un cachorro entre las 6 y las 10 semanas. Si se lo aleja antes de la madre puede ser perjudicial para su desarrollo emocional como así también hacerlo más tarde. Las interacciones con su madre y sus hermanos de camada, le da las bases para su estabilidad emocional. Si el perro es inseguro o ansioso puede deberse a que fue retirado de su madre con anticipación.

Hay que tener presente que el nuevo escenario al cual se lo lleva es desconocido para él y, por tanto, le resultará estresante al principio. Por eso es conveniente esperar a que tenga la madurez emocional suficiente como para afrontar el estrés que le espera hasta que el nuevo entorno le resulte conocido.

Cuando llega el cachorro, es necesario recibirlo con amor y respeto para que la transición sea lo menos traumática posible. Además, hay que destinar un lugar para él y enseñarle las normas básicas que son: el lugar donde hacer sus necesidades, los horarios de sueño, comida, paseos, juegos y el lugar que le será propio dentro del hogar o en el patio. Siempre tiene que tener un espacio que le pertenezca.

Otro aprendizaje que deberá hacer es entender la jerarquía del hogar, es decir, el dueño y la familia están antes que él. Si el perro entiende que la jerarquía es: primero el dueño, segundo él y tercero el resto de la familia, puede suceder que el perro llegue a ser agresivo con algún miembro de la familia.

No se puede perder de vista el hecho de que determinados aprendizajes necesitan de una determinada edad. Por eso, con los cachorros es conveniente llevar adelante los aprendizajes básicos y de la forma más sencilla posible. Si quieres probar conductas más elaboradas, conviene que consultes a un profesional para saber si tu cachorro está en condiciones de hacer esos aprendizajes.

No conviene, por el solo hecho de apurar el entrenamiento, someter al cachorro al estrés de un aprendizaje elaborado o complejo. Es posible que su madurez emocional no le permita realizarlo correctamente y además tanta presión y tanta exigencia le afectará en su madurez. Antes de los 6 meses, no es posible someter al perro a un entrenamiento marcial porque está fuera de sus posibilidades emocionales soportarlo.

Antes de los 6 meses tiene que haber mucha diversión en los entrenamientos y sobre todo libre de presiones y exigencias que lo repriman. Hay algunas excepciones que se pueden ver en los trabajos deportivos, pero están planteados por profesionales que entienden hasta dónde pueden exigir. Además, saben motivar como para que el perro no sienta un gran peso al realizar lo que se le pide.

Entre los 6 y 8 meses, hay un proceso madurativo que permite llevar a cabo aprendizajes más marcados para lograr la disciplina que se le pide. De todos modos, el cachorro sigue interesado en jugar, por lo que no conviene eliminar los momentos de juego y esparcimiento para que su vida sea equilibrada. Si en la etapa anterior el cachorro no terminó aprendizajes o adquirió hábitos que no son deseables, en esta etapa se puede terminar de perfeccionar aquello que está incompleto y erradicar las conductas que no son las adecuadas.

Hasta los 2 años, el perro será fácil de convencer para que cumpla con lo que se le pide. Después de esta edad, el perro comienza a entender su potencial y que puede desafiar al dueño. Por eso es importante marcar quién es el que está en el punto máximo de la jerarquía. Si para esta edad se consolidaron los aprendizajes básicos y se estableció una disciplina de trabajo, no habrá problemas con el lugar que ocupa cada uno. De todos modos, si una persona adquiere un perro de más de 2 años y con algunas mañas adquiridas, esto no significa que no se le pueda corregir y formarlo tal como lo quiere el dueño.

VENTAJAS Y DESVENTAJAS DEL REFUERZO POSITIVO

Los perros adiestrados suelen ser más dóciles y accesibles al trato. Esta es una de las mayores ventajas de entrenar perros. Lógicamente, el entrenamiento tiene que llevarse a cabo con corrección para que brinde los beneficios esperados.

Es cierto que pensar en adiestrar un perro implica tiempo, esfuerzo y dedicación, pero los resultados que se obtienen y la relación que se logra con el perro, hace que valga la pena el tiempo, incluso la inversión en dinero que se haya realizado.

Cuando llega un perro a la familia, éste pasa a ser parte de ella y de su grupo social. Los perros que han recibido entrenamiento en ningún momento generan problemas a la familia, si han sido correctamente entrenados y se les dedica el tiempo que se necesita. Desde los primeros aprendizajes, el perro tiene que aprender quién es el que guía y está encima de la pirámide jerárquica que le gusta establecer a los perros.

Siempre la decisión de tener un perro entrenado o no es del dueño. Vamos a analizar las ventajas y desventajas para que cada uno pueda decidir si quiere o no entrenar a su perro.

Entre las ventajas que se observan en los perros que han sido entrenados, se encuentran las siguientes:

- Se transforman en perros con buena conducta y un buen nivel de ubicación. Por ejemplo: un perro sin entrenamiento puede caminar por la calle y abalanzarse sobre un niño que está comiendo un bocadillo para quitárselo. Seguramente este perro solamente le quite ese bocadillo y no lastime al niño, pero su madre tal vez imagine lo contrario y el dueño del perro se tenga que enfrentar a un problema. Un perro entrenado nunca haría una cosa como esta.

- El entrenamiento corrige los comportamientos que no son funcionales para la convivencia con los miembros de la familia, con los vecinos, amigos y demás familiares. También hace que tenga una buena convivencia con los demás perros con los que podrá interactuar sin problemas y sin conductas agresivas.
- Con el adiestramiento también se logra un vínculo muy especial, de mucha confianza y mucha solidez con el perro.
- El perro aprenderá también a ser fiel a su dueño por la gran confianza que se genera entre ambos.

Suele pensarse que, al poner reglas de comportamiento al perro, éste se alejará de su dueño. En realidad, es todo lo contrario, ya que el perro se sentirá seguro al saber qué se espera de él. En cierto modo tener un perro es como tener un hijo al cual hay que cuidar, mimar y también educar. Así como no se puede dejar sin educación a un hijo, tampoco se le puede negar esta posibilidad al perro.

Las reglas de conducta y comportamiento, hace que la vida sea más armónica con ellos. Cuando el perro entiende que eres su guía también entenderá que estás allí para protegerlo además de darle cariño.

Los perros que han sido adiestrados ayudan a su dueño para que entienda el comportamiento que suelen tener. Si es la primera vez que tienes un perro, todo será nuevo para ti y seguramente tardarás un tiempo en entender cómo funcionan las relaciones. Ya sea que decidas entrenarlo o pienses que no es necesario, hay determinadas normas básicas que sí tendrás que enseñarle porque son necesarias para la convivencia. Luego de pasar un tiempo con tu perro, verás que eres capaz de congeniar con él a un extremo que ni siquiera imaginabas.

También verás que la comunicación se irá desarrollando y cuando es trabajada llega a niveles muy profundos de entendimiento, tanto del dueño hacia su perro como de éste hacia la persona que es su dueña. El adiestramiento facilita esta comunicación porque se utiliza tanto el lenguaje verbal como el corporal para entenderse.

El adiestramiento, por otra parte, facilita la convivencia familiar y la social. Un perro entrenado siempre va a hacer sus necesidades en un mismo lugar, no va a romper aquellas cosas que no le permitan, ni se va a subir a los sillones si el dueño no quiere. Es decir, el perro que pasó por un entrenamiento tiene en claro lo que puede hacer de lo que no, además de saber que si hace lo que no le permiten habrá consecuencias.

Los perros adiestrados no generan problemas ni provocan situaciones incómodas. También logran una excelente adaptación a los vínculos familiares y a las relaciones sociales en general. El adiestramiento los tranquiliza y les da una orientación para su desarrollo integral.

El dueño podrá disfrutar de su perro desde un comienzo, tanto en los juegos como en la participación de los entrenamientos. Además, una familia que tiene niños pequeños tendrá mucha más seguridad al tener un perro entrenado que uno sin entrenar por el comportamiento equilibrado que muestran los perros con adiestramiento.

Entre las desventajas que se observan en los perros que han sido entrenados, se encuentran las siguientes:

- Los entrenamientos llevan tiempo y dedicación y también se puede llegar a necesitar una inversión de dinero.
- No se logran las conductas de un día para el otro, por lo que adiestrar a un perro no es apta para personas ansiosas o poco pacientes. Tal vez el entrenamiento para perros le sirva a este tipo de personas para aprender lo que significa saber esperar y permitir que los aprendizajes sean graduales.
- Los entrenamientos no deben dejarse de lado en ninguna etapa de la vida, es decir, deben practicarse a lo largo de toda la vida del perro. No todas las personas están dispuestas a estar pendiente de este tipo de cosas mientras tengan al perro.
- Si el entrenamiento no es constante, es probable que el perro no aprenda de la mejor manera. El adiestramiento depende de la constancia que tenga la persona.
- Los aprendizajes que dejen de practicarse, es posible que el perro los olvide.

El mejor ejemplo de perros adiestrados, son los que utilizan en la policía. Estos perros cuentan con la dedicación de sus dueños y éstos les enseñan muchas conductas que son necesarias en el trabajo policial. Uno de ellos es reconocer drogas, explosivos, encontrar personas en derrumbes y muchas cosas más. Estos perros demuestran qué tan lejos se puede llegar con un entrenamiento. Su olfato se vuelve tan penetrante que es capaz de detectar personas hasta en las condiciones más críticas y salvarles la vida. Aprenden a actuar correctamente durante un desastre natural y proteger a las personas que están en peligro.

Los errores frecuentes que pueden cometerse en los adiestramientos se deben a la falta de experiencia y puede conducir al perro a la confusión. También es importante tener presente que el refuerzo positivo debe ser utilizado de forma equilibrada y en los momentos justos, ni antes ni después. También hay un criterio poco definido con respecto a lo que significa un refuerzo negativo. En general hay un rechazo absoluto a este tipo de refuerzos y se debe a que en muchas ocasiones el perro sale muy lastimado de este tipo de refuerzos.

Lo que sucede es que se necesita que el perro entienda dónde están los límites. El hecho de que se le diga que no a determinadas conductas, puede llevar a que algunas personas piensen que se está dando un refuerzo negativo, pero no es así, solamente se le marcan los límites. El refuerzo positivo no es solamente brindar premios, sino que es un concepto mucho más amplio y profundo.

Algunos entrenadores abogan por un entrenamiento llamado "positivo", pero corrigen los errores del perro en base a tirones de la correa, utilizando también la correa para marcar conductas como sentarse, echarse, caminar, etc. Esta modalidad, según se mire puede ser considerada como aprendizajes con refuerzos negativos porque el tirón de la correa puede dañar el cuello del animal y marcar las conductas con la correa puede afectar la emocionalidad del animal. Por tanto, el hecho de decir refuerzos negativos o positivos pueden ser diferencias que se hagan dependiendo de la perspectiva con la cual se mire.

Más allá del concepto que quieras desarrollar con tu perro, es importante que tengas presente que todo aquello que lastime al animal, no debe aplicarse. Como así también todo aquello que dañe su desarrollo emocional, no se aconseja porque el perro puede comenzar a sentir un gran resentimiento por su dueño que en algún momento puede aflorar y desencadenar una situación complicada y difícil de resolver. Cuando el perro comienza a sentir estas emociones hacia su dueño, luego son muy difíciles de erradicar o cambiar. El perro dejará de sentir confianza en su dueño y la comunicación se resentirá.

El dueño tendrá que ser equilibrado y muy cuidadoso con respecto al hecho de marcar los límites para evitar males posteriores. Por tanto, para que el perro pueda adquirir una buena capacidad de gestión emocional y convertirse en un perro adulto equilibrado, es importante que no mal interprete la marcación de los límites. Por tanto, es labor de su dueño guiar al perro para que aprenda a resolver las situaciones estresantes y gane experiencia en el proceso.

En estas situaciones, un perro sin entrenamiento actuaría de forma instintiva pero un perro adiestrado sabe concentrarse y gestiona su emocionalidad para poder solucionar con éxito la problemática planteada. Por tanto, hablar de refuerzo positivo o negativo en forma generalizada no tiene una gran significación. Conviene especificarlo y relacionarlo con cada evento o situación a la que se someta al perro.

OTROS TIPOS DE ADIESTRAMIENTO

Una de las preguntas que hay que realizarse antes de entrenar a un perro, es "¿para qué quiero adiestrarlo?" Esta pregunta lleva a entender cuál es el adiestramiento que necesita, porque no es lo mismo adiestrarlo con enfoque en la obediencia básica a entrenarlo para que sea un apoyo para una persona discapacitada físicamente o ciega. Tampoco es lo mismo esperar entrenarlo para deportes.

Por eso hay diferentes tipos de entrenamiento, aunque todos parten de un tronco común luego se diferencian focalizándose en los objetivos que buscan lograr. En primer lugar, es necesario diferenciar las conductas naturales de las que son aprendidas. Las primeras no se enseñan, sino que el perro las tiene por naturaleza y se convierten en una reacción natural del perro al ver determinadas posturas en su entrenador. Las aprendidas surgirán del entrenamiento que se le vaya dando.

Los diferentes entrenamientos caninos se pueden dividir de la siguiente manera:

- **Adiestramiento para cumplir funciones especiales**: en este caso, se utiliza una de las facultades propias del perro, como por ejemplo el olfato para detectar drogas o búsqueda y rescate de personas.

- **Adiestramiento para asistencia o terapia**: se prepara al perro para que sea el asistente de una persona con discapacidad física o psicológica. Se busca que sea no solamente su apoyo sino su compañía. El entrenamiento que reciben también se diferencia para que sea asistente de una persona ciega, para trabajar con niños autistas, para quitar la depresión, etc.

- **Adiestramiento para deportes**: en estos casos el entrenamiento que reciba el perro dependerá del deporte en el cual se lo quiere hacer participar: pruebas de rastreo, trineos, ring francés o alemán, superación de obstáculos, etc.

- **Adiestramiento para obediencia básica**: es un entrenamiento en las órdenes básicas para que su desenvolvimiento en el hogar sea el más adecuado.

Hay un tipo de entrenamiento llamado "adiestramiento canino tradicional" que se basa en refuerzos negativos y castigos como estímulo para lograr que el animal obedezca las órdenes que se le dan. Este entrenamiento no admite que el perro tenga conductas no deseadas bajo ningún concepto. Suelen usarse herramientas de castigo como el collar de pinchos, el collar antiladridos o el collar ahorque. La metodología utilizada es coercitiva e inhibitoria a través del castigo físico o los gritos que asustan al animal o los lastima. El método en sí, se basa en desarrollar miedo en el perro.

Este adiestramiento se pone en funcionamiento cuando se detecta una conducta no deseada en el perro. Luego se trabaja sobre él con refuerzos negativos cada vez que se lo ve realizar esa conducta para que el animal asocie dicha conducta a algo doloroso y negativo y, a partir de allí, el perro se autocontrola. El castigo deja de implementarse cuando el perro ya no insiste en la conducta que se trató de eliminar.

Este adiestramiento tradicional tuvo su origen en la época de la Primera Guerra Mundial, cuando se entrenaban perros para utilizarlos en el campo de batalla. Luego de la Segunda Guerra Mundial, esta metodología de enseñanza canina se extendió a las personas civiles convirtiéndose en el método más utilizado para entrenar perros. Se atribuye su creación al coronel Konrad Most, pero fue William R. Koehler quien lo popularizó y lo puso de moda al escribirlo en un libro que se publicara en 1974.

Años más tarde, comenzaron a circular otros métodos que demostraron ser más efectivos y menos dañinos para el perro. Este método tradicional, actualmente, se lo considera como una falta de respeto al perro y puede llegar a dejar huellas muy profundas en la psicología de los animales.

El adiestramiento tradicional deteriora el vínculo que une al dueño con su perro, genera resentimiento, desconfianza y aumenta los miedos que pueda tener el canino. Los castigos no solamente producen dolor y miedo, también aumentan el estrés, la agresividad y la excitabilidad que pueda tener el perro. Va fragmentando su emocionalidad eliminando la alegría natural que tienen los caninos y los vuelven menos sociables y más taciturnos. Existe mucha evidencia científica que demuestra lo nocivo que es este método para el animal. Un perro que es continuamente castigado, con el paso del tiempo puede suceder que agreda seriamente al dueño o a algún miembro de la familia.

Paralelamente se desarrollaron teorías para los adiestramientos, por tanto, se pueden encontrar entrenamientos basados en la teoría del aprendizaje y en la teoría de la etología.

Técnicas basadas en la teoría del aprendizaje: la teoría de aprendizaje ha estudiado en detalle cómo se van incorporando lo que se le está enseñando. Entre ellas figuran: adiestramiento en positivo, condicionante, mixto, por extinción, basado en la conducta incomparable, basado en marca de ausencia de refuerzo, basado en el contracondicionamiento, basado en la desensibilización y adiestramiento basado en BAT: Behavior Adjustment Training.

- **Adiestramiento en positivo**: es un entrenamiento dinámico, divertido para el perro, basado en refuerzos positivos y brinda resultados rápidos, afianzando la relación con su dueño. Se refuerzan los comportamientos correctos con premios y mucho cariño. Esta técnica necesita de tiempo, dedicación y paciencia.

- **Adiestramiento condicionante**: es un entrenamiento un poco más complejo que el anterior. Con esta técnica se adiciona el clicker que se lo hace sonar luego del premio o, en algunos casos, en reemplazo del premio. El clicker se hace sonar luego del comportamiento deseado. En pasos posteriores, el dueño hará sonar el click y el perro realizará lo que se le pide. Con este método se condicionan sus instintos.

- **Adiestramiento mixto**: este tipo de entrenamiento es una especie de mezcla entre el adiestramiento con refuerzo positivo y el tradicional. Puede ser útil en perros adultos que ya tienen muy arraigadas ciertas costumbres que quieren erradicarse. Consiste en establecer un castigo para estas conductas y brindarle un premio cuando no las realiza. Cuando se habla de castigo se hace referencia a algo leve como un "no" o ignorarlo.

- **Adiestramiento por extinción**: este adiestramiento premia los comportamientos adecuados, mientras que toma una actitud de dejar pasar los malos comportamientos. Por ejemplo: cuando le ladra a los vecinos, se lo ignora por completo.

- **Adiestramiento basado en la conducta incomparable**: este tipo de entrenamiento se basa en cambiar aquella conducta indeseable que va a realizar por una que es aceptable. Por ejemplo: vemos que se está por pelear con otro perro y en lugar de retarlo, se le tira una pelota para iniciar un juego entre ambos. Esta técnica es muy práctica cuando se ve al perro tratando de iniciar una conducta no deseada. No es efectiva si la conducta ya inició.

- **Adiestramiento basado en marca de ausencia de refuerzo**: si se le ordena al perro que realice una determinada acción y el perro desobedece, entonces se le hace un gesto de que no se le va a dar el premio. De este modo, podrá entender que el dueño está contrariado por su conducta.

- **Adiestramiento basado en el contracondicionamiento**: esta técnica se basa en cambiar la emoción que le causa el estímulo. Por ejemplo: si es un perro que teme a los autos o a cualquier tipo de vehículo, se lo debe premiar cada vez que ve uno, así irá cambiando sus emociones ante el estímulo.

- **Adiestramiento basado en la desensibilización**: consiste en disminuir la intensidad de las emociones que siente el perro. Por ejemplo: si se asusta con las personas que son ajenas a la familia, se lo estimula y anima a que se relacione con nuevas personas para que poco a poco su miedo vaya disminuyendo de intensidad hasta desaparecer.

- **Adiestramiento basado en BAT: Behavior Adjustment Training**: en este caso, la técnica consiste en eliminar el estímulo que le genera miedo, agresividad o estrés. De este modo, el perro entenderá que puede lograr lo que quiere si se mantiene tranquilo.

Técnicas basadas en la teoría de la etología: estas técnicas son útiles como complemento de las anteriores. Consisten en planificar el entrenamiento siguiendo las conductas naturales del perro. El dueño tiene que lograr el liderazgo de la manada y entrenar a partir de allí. Los aprendizajes se realizan tal como los haría en macho alfa si estos perros estuvieran libres en la naturaleza.

Seguramente te estarás preguntando ¿qué técnica es la mejor? y la respuesta es: aquella que no dañe al perro ni física ni emocionalmente hablando. Además, es lógico suponer que según el tipo de perro puede que vaya mejor un entrenamiento que otro. Por tanto, para contestar esta pregunta es necesario saber cuál es el perro que se va a entrenar, qué edad tiene, para qué se lo va a entrenar y en base a estas cuestiones determinar cuál técnica es la más adecuada. Si tienes dudas, recuerda que puedes consultar a un profesional para que te asesore.

Cualquiera sea la técnica que quieras adoptar, es importante que consideres que el adiestramiento canino es una excelente forma de eliminar el estrés ya que mucho de los comportamientos negativos de los perros tiene que ver con la ansiedad y el estrés. También es importante que tengas presente que es un perro que se comporta como tal y que está en un proceso de aprendizaje. No tiene un mal comportamiento porque quiere que te enfades, sino que es un perro haciendo lo que más le gusta.

El entrenamiento lleva a que la comunicación se afiance y llegue a ser más profunda de lo que era. El perro entenderá, finalmente, lo que le quieres decir y tú también aprenderás a entenderlo. Durante todo este proceso es importante tener paciencia y brindarle todo el afecto que puedas.

RAZAS O TIPOS DE PERROS MÁS FÁCILES DE ADIESTRAR

El adiestramiento es un excelente ejercicio que se le puede brindar al perro ya que estimula tanto su mente como su cuerpo, previniendo, además, problemas de conducta. Es importante tener presente que todos los perros, independientemente de la raza o tipo, sexo o edad, tienen el potencial necesario para aprender lo que sus dueños quieran enseñarle.

De todos modos, así como hay seres humanos que tienen facilidad para aprender, hay razas o tipos de perros que también tienen una buena predisposición para asimilar los nuevos conocimientos y problemáticas que se le presenten. Por este motivo, a estas razas se las considera fáciles de adiestrar. Por supuesto, también dependerá de la dedicación y el esfuerzo que ponga su dueño o entrenador.

Así también encontramos razas que demuestran una mayor obediencia y también una gran inteligencia. Estos parámetros han sido medidos a partir de la facilidad con la que aprenden, se adaptan y resuelven las problemáticas que se le presentan.

Estas razas o tipos de perros son las siguientes:

Caniche o Poodle: esta raza se encuentra entre las 5 más inteligentes del mundo, de acuerdo a las investigaciones realizadas por el psicólogo y profesor Stanley Coren. También disponen de una excelente memoria, un temperamento juguetón, dócil y sociable. Todas estas características facilitan la educación y es ideal para los inexpertos que no tienen experiencia en el adiestramiento canino.

También es adaptable a todo tipo de familia y a las diferentes personalidades, mientras se mantenga una rutina activa y variada. Es un perro que tiene mucha vitalidad, por eso necesita de este tipo de rutina. Cuando tiene un buen entrenamiento, se convierte en el mejor compañero de niños y sabe compartir con otras mascotas.

El caniche se convirtió en la raza preferida de las cortes tanto francesas como británicas. Es ideal para participar en concursos. Su gran energía y habilidad le permiten aprender todo tipo de trucos. Le gusta la compañía de los seres humanos por lo que siempre estará dispuesto a complacer sus pedidos y, sobre todo, pasear con su dueño. Con un buen entrenamiento logran un carácter muy equilibrado.

Golden Retriever: esta raza o tipo se ha convertido en la más popular en el mundo por su gran belleza y elegancia. Es uno de los preferidos en las distintas culturas que existen en el mundo. Se caracterizan por una gran inteligencia, memoria y una espectacular facilidad para aprender. Presentan un carácter tranquilo y apacible lo que lo vuelve uno de los perros más confiables que existen. Son pacientes, leales, sociables, obedientes y con facilidad se convierten en la gran compañía de todo tipo de personas. Es ideal como lazarillo y perro de compañía para terapias de todo tipo.

Disfruta de los juegos en el agua por lo que es ideal para llevarlo a la playa o tenerlo como custodio en una pileta cuando juegan los niños. En realidad, es una excelente compañía para cuidar a los niños en todo momento. Es capaz de realizar todo tipo de tareas por eso también es posible que la policía los entrene.

Pastor Alemán: esta raza o tipo de perro ha conquistado las pantallas de cine y televisión a través de personajes como Rin Tin Tin. Tiene elevadas capacidades cognitivas y emocionales, sus reacciones naturales lo demuestran. Es versátil, inteligente, obediente, capaz de resolver problemáticas de forma natural siguiendo su propio instinto.

Es muy utilizado por los bomberos, policías, como perros de rescate, de guardia y de búsqueda. Fue muy utilizado para el pastoreo, para mover animales en el campo y fue una de las razas más utilizadas en las guerras mundiales. Su temperamento es sensible, inteligente, intuitivo y con gran equilibrio emocional.

En lo que respecta a su salud, tiene predisposición para sufrir displasia de cadera, por lo que hay que cuidarlo mucho durante toda su vida. Necesita del contacto humano de forma frecuente, mucho afecto, juegos de inteligencia, entrenamiento en prácticas de obediencia y un ejercicio físico del tipo moderado.

Si este perro cae en una familia que no le presta atención, es posible que tenga problemas de comportamiento, como así también si se lo entrena de forma incorrecta.

Si se lo atiende como merece y se lo entrena correctamente, se tendrá un perro muy leal, perseverante, paciente, con una gran capacidad para comunicarse y con mucha valentía para afrontar cualquier dificultad.

Border Collie: es un perro muy especial, con grandes facultades para la comunicación con las personas. Su mirada expresa una gran empatía con los seres humanos.

De origen inglés, es considerado el perro más inteligente del mundo y tiene la capacidad de adaptarse a diferentes ámbitos como la obediencia básica canina y otras más complejas. Dado que tiene un carácter muy activo e independiente, tal vez cueste un poco entrenarlo y necesite de un estímulo constante tanto físico como cognitivo para evitar que se aburra o desarrolle estrés por una rutina sedentaria.

Para lograr buenos resultados es necesario ser constante y establecer pautas que tendrán que mantenerse hasta que se logren los objetivos. No es un perro para principiantes, si ese es el caso, conviene poner su educación en manos expertas.

Por años fue considerado perro pastor y vigilante. Luego se lo educó para compañía de diferentes terapias. Es una raza que tiene la facultad de recordar todos los aprendizajes que se le brinden a lo largo de su vida. Necesita un dueño que le dé actividades continuamente. Si el dueño es demasiado sedentario, el border collie se aburrirá. Es necesario que le brinden mucha atención y cariño ya que es muy leal y la indiferencia de su dueño le hace daño.

Pastor de Shetland: conocido como sheltie es el menos popular de esta lista. Es un perro de talla pequeña proveniente del Reino Unido y utilizado para el pastoreo de animales. Luego de unos años, se adoptó como perro de compañía por ser fiel y de buen carácter. Es poseedor de un buen nivel de inteligencia por lo que se adapta al adiestramiento con gran facilidad. Es versátil con nuevos aprendizajes y trucos, por lo que es muy apto para compañía de niños y personas que necesitan terapia. Es cariñoso, juguetón, dócil y muy apacible, una raza muy recomendable, aunque sea poco conocida.

Papillón: es una raza o tipo de perro muy elegante con un aspecto cuidado y muy armonioso. Es originario de Francia en el límite con Bélgica, considerado entre los perros más inteligentes y obedientes. Es ideal para tenerlo en familia ya que se adapta con facilidad a los diferentes tipos de personas y sus relaciones personales, además de su cultura y estilos de vida. Con un buen trabajo de socialización, será el compañero ideal de los juegos de los niños y de otras mascotas que pudieran tenerse en el hogar. Naturalmente son animales que se mantienen alertas y vigilantes de la casa, por lo que son muy buenos custodios.

Esta raza fue muy popular en los siglos XVI y XVII en las cortes por su inigualable belleza y elegancia, actualmente no son muy conocidos, pero son excelentes compañeros.

Dóberman: esta es una raza que tiene mala prensa porque no se lo ha entrenado como corresponde. Se lo tiene catalogado como un tipo de perros peligroso y poco confiable. El dóberman, cuando es bien adiestrado, es un perro muy inteligente, fiel, fuerte y sensible a las necesidades de su dueño. Es disciplinado y acata órdenes sin problemas, pudiendo realizar una gran cantidad de tareas. Es sencillo de educar siempre que se trate de personas expertas. Si decides tener un dóberman, es conveniente que inviertas en su educación para que logres un perro verdaderamente adaptable a tus necesidades y muy funcional.

El entrenamiento tiene que ser constante y bien realizado, proporcionando, de este modo, el estímulo que necesita el animal. También es un requerimiento importante su interacción con otros animales y personas para lograr un buen nivel de socialización.

Dóberman Pinscher: es sumamente versátil a la hora de aprender, son tranquilos, tolerantes y pacientes. Aceptan el entrenamiento con gran facilidad. Si no reciben el entrenamiento adecuado, serán perros con problemas de conducta. Cuando reciben un buen adiestramiento se convierten en grandes custodios y protectores de viviendas, siendo, además, muy sociables, activos que les agrada compartir momentos con personas y otros animales.

Labrador Retriever: es un perro sumamente familiar y bueno, gozando de una excelente popularidad en todo el mundo. Es divertido, amigable, leal y muy inteligente. Es fácil de educar aún para personas que no tienen experiencia. Son aptos para el adiestramiento básico y el avanzado, cumpliendo perfectamente las funciones de lazarillo, perros de terapia, de asistencia, rescate y para funciones policiales.

Es un perro con mucha energía que necesita hacer mucho ejercicio físico todos los días. También necesitan juegos de inteligencia para que no se aburran y no desarrollen estrés o ansiedad. Si se desarrollan estas emociones en el perro es probable que paralelamente se desarrollen conductas destructivas para aliviar sus tensiones.

San Bernardo: son perros muy cariñosos y tranquilos. Su simpatía es instintiva y crea vínculos con mucha facilidad. Son muy protectores de sus dueños de forma natural. Se pueden adiestrar con facilidad porque aceptan todo lo que venga de sus dueños. Son comprensivos y pacientes, por tanto, son ideales para jugar con niños porque tendrán la tolerancia que ellos necesitan.

Es sociable, participa de buen grado de todas las actividades familiares y es muy sencillo de entrenar ya que les gusta agradar y cumplir con lo que se le pide. Necesita de ejercitación porque es un animal que puede sufrir de sobrepeso por su temperamento tranquilo y apaciguado.

CONCLUSIÓN

Los perros son muy amigables e ideales como compañía para personas de todas las edades. No es necesario que sea un animal de raza ya que hay muchos perros abandonados que estarían felices de ser adoptados por una familia que busca una mascota. Las experiencias y las vivencias que se obtienen en compañía de un perro son muy enriquecedoras para la vida de todos los seres humanos.

Los perros disfrutan muchísimo de la compañía, de los paseos y los juegos con su dueño y con toda la familia. Pero es fundamental entender que la tenencia debe ser responsable y que es indispensable conocer las necesidades que el perro tiene para que sus vivencias también sean enriquecedoras para el canino.

El entrenamiento es un aspecto que el perro necesita para lograr desarrollar su máximo potencial. Además, con este entrenamiento, el perro podrá tener en claro lo que se espera de él. No hay que olvidar que, cuando el perro es adiestrado, se desarrolla la comunicación entre el perro y su dueño, porque, así como el perro entiende lo que se espera de él, el dueño comienza a entender cómo es su perro y cuáles son sus necesidades, también entiende lo que su perro le quiere comunicar.

El adiestramiento no es privativo de una raza o tipo de perro, sino que es posible y adaptable para todas las razas y tipos de perro, como así también para todas las edades. Tanto se logra entrenar a un cachorro como a un perro adulto. Es posible que el cachorro se distraiga con más facilidad que un adulto durante el entrenamiento, pero también es posible que el perro adulto haya adquirido algunas mañas que se quieran erradicar porque no son las más funcionales.

Por eso, si tienes la posibilidad de adoptar un perro, y éste ya tiene una edad superior al año o año y medio, igual puede ser entrenado y puede convertirse en una excelente compañía aún cuando no haya recibido educación desde pequeño.

También pueden adoptarse los perros que han sido maltratados y su condición psicológica está un poco dañada por las experiencias que le tocaron vivir. Ellos también pueden ser educados y recuperados para ser felices en una nueva familia que quiera darle una calidad de vida superior.

Si tienes dudas al respecto, como decimos siempre, consulta a un especialista para lograr el mejor asesoramiento.

En lo que refiere a entrenamientos, como pudiste ver en el libro, hay una gran variedad de donde elegir el más conveniente o el que más se adapte a la situación que tú vives con tu perro. En lo que se refiere a sugerir el adiestramiento más conveniente, consideramos que el mejor es aquel que no lastima al animal, que tiene en cuenta su aspecto emocional, además del físico y que se logra a partir de juegos y actividades que el perro encuentra estimulantes.

No estamos a favor de los castigos, ni de la degradación o falta de respeto hacia el perro. Si bien para muchas personas el perro es una mascota, creemos que en realidad es mucho más que eso, es casi como un hijo más dentro de la familia. Como hijo merece respeto, consideración, cariño, educación, es decir, un verdadero lugar dentro de la familia. Es necesario que los dueños ejerzan lo que se llama tenencia responsable. Es decir, los dueños se responsabilizan totalmente del bienestar y las condiciones de salubridad en la que mantienen al perro.

Aun cuando el perro se tenga para los quehaceres de una granja, por ejemplo, merece la consideración y el cariño de todos, ya que es un miembro más que necesario dentro del grupo familiar.

Bajo ninguna circunstancia el perro debe ser maltratado, si su comportamiento no es el que se espera, puede recibir educación y revertir este tipo de situaciones. La educación puede ser impartida por su dueño o por un especialista en el tema, que ayuda a que la persona logre lo mejor de su perro y tenga buenas experiencias con él. Muchos de los problemas que se plantean obedecen a una mala comunicación entre personas y animales. Por eso trabajar sobre la comunicación es necesario para que estos problemas desaparezcan.

Se puede adiestrar en los conceptos básicos de obediencia que tienen que ver con aspectos que mejoran la convivencia, como, por ejemplo: que haga sus necesidades siempre en el mismo lugar, que aprenda a esperar sentado, que pueda caminar al lado del dueño en los paseos y no pelee con los perros que se encuentren en la calle, que no ataque a las personas que vienen de visita, etc.

También se pueden adiestrar en conceptos más complejos como el cuidado de una casa, actuar como lazarillo o ser un perro terapéutico para niños autistas.

Otros entrenamientos pueden realizarse si se espera que sea un perro de exhibición o de competencia en diferentes deportes. Como ya habrás podido darte cuenta, el potencial que presentan los perros es muy amplio y adaptable a las diferentes necesidades o gustos de las personas.

El adiestramiento debe ser progresivo y constante, se puede comenzar con sesiones de 5 minutos e ir incrementando el tiempo hasta 20 o 30 minutos. También es indispensable que tengas presente que se comienza con los aprendizajes básicos y, en la medida que va aprendiendo, se le van complejizando dichos aprendizajes. Esta modalidad también es parte de lo progresivo y constante. Como suele decirse siempre en educación: se enseña desde lo más próximo a lo más lejano y desde lo más sencillo a lo más complejo.

Si el perro no capta lo más básico, es un despropósito pasar a algo más complejo. Los aprendizajes se irán graduando a los logros que vaya mostrando el canino. Estas enseñanzas se pueden repetir todas las veces que sean necesarias para que el perro las pueda dominar e incorporar a sus hábitos.

Al avanzar en el entrenamiento siempre es bueno recordar las enseñanzas anteriores y practicarlas. Si, una vez aprendidas, se las deja de practicar, existe la posibilidad de que el perro las olvide. Como ya hemos dicho, el entrenamiento puede durar toda la vida para que el perro no olvide nada de lo que aprendió.

Para un mayor entendimiento se puede recurrir a la psicología canina. Ésta se ocupa de analizar el comportamiento del perro y la forma en que se comunica. A partir de allí puede dar consejos y recomendaciones prácticas y concretas para reforzar y fortalecer la relación entre el can y su dueño. El perro puede identificar algunas palabras además de entender el tono de voz que se utilice.

En general, el perro busca comunicarse con las personas del mismo modo que se comunica con otros perros. La psicología canina actúa como traductora entre perro y dueño, ayudando en el entendimiento mutuo.

Luego de muchas investigaciones, la psicología canina ha establecido los principios básicos de interacción entre persona y perro:

- El perro no tiene que obedecer por el miedo sino por la asociación positiva que realice de las órdenes.
- El perro necesita que las reglas que se impongan sean claras y basadas en una jerarquía bien definida para evitar confusiones.
- Bajo ningún aspecto utilizar la violencia con los perros porque no aportan nada positivo a la relación.
- Los estímulos positivos como comida, caricias, palabras de aliento y de cariño, son el punto de partida de las experiencias a las que el perro responderá naturalmente.
- El perro necesita de la paciencia y la consideración de las personas que conforman su círculo de relaciones.

Los perros tienen suficiente inteligencia como para aprender y llegar a entender a su dueño y a toda la familia. Ellos son capaces de entender si su dueño se siente bien o si necesita que lo consuelen. También se dan cuenta si está enojado y, en estos casos, también tratará de ponerlo contento.

Cuando se llama al perro por su nombre, éste puede darse cuenta por el tono de su voz, cuál es su estado de ánimo del que lo llama. En base a lo que capte desde allí, el perro podrá tener diferentes reacciones: se acercará con alegría si lo llamaron con un tono de voz amable y cariñoso o sabrá que el dueño se enojó por lo que hizo y, seguramente, se acercará con desconfianza.

Otra cosa que la psicología ha podido comprobar es que los perros sueñan al igual que los seres humanos. También se ha comprobado científicamente que pasa por las mismas fases que el sueño humano y tiene la misma significancia. Es decir, a través de los sueños, los perros y los seres humanos, pueden resolver y liberar emociones que reprimieron durante el día.

Por último, la psicología canina pone énfasis también en la socialización del perro. Si se estimula en este sentido, se logrará un perro funcional desde el punto de vista social, tanto dentro del hogar como fuera de él. Este punto es muy importante cuando se tiene un perro temperamental y muy activo. En algunas razas la socialización es natural en el animal.

El perro es el amigo más fiel que podemos tener, brinda su cariño sin pedir nada a cambio. Merece un lugar en el hogar, la responsabilidad de una buena crianza y la protección que lo haga crecer seguro y feliz.

Gracias por haber elegido mi libro para aprender a educar a tu compañero de vida.

Espero, de corazón, que hayas disfrutado de este viaje.

Si te ha gustado lo que has leído, me encantaría contar con tu opinión y valoración positiva en la página donde lo compraste, porque así me ayudas a llegar a más personas y a tener un impacto positivo en sus vidas.

¡Nos vemos en el siguiente libro!

Un abrazo,
John Sallow

www.ingramcontent.com/pod-product-compliance
Lightning Source LLC
Chambersburg PA
CBHW070341010526
44107CB00004B/578